中小学图书馆员

基本素养和基本技能系列丛书

U0595080

读者工作

DUZHE GONGZUO

本书编著 完 强

丛书编委会

主 编：王 富

副主编：柴纯青 常汝吉

编 委（按姓氏笔画排序）：

马 波	王 戈	王 玉	王志庚	王海明	王德如	牛 刚
邓中材	田 颖	乔玉全	刘汉涛	刘忠民	刘金竞	闫明圣
安健彤	许永康	孙爱青	牟晓海	李 强	李祖刚	李海波
何升华	张 晓	张 涛	张宏伟	陆迎伟	陈 军	陈 谦
陈 瑜	陈 警	陈冬梅	陈绍义	范义虎	林锡江	卓 敏
岳江红	周燕萍	赵 梦	赵丽霞	赵杭生	柴旭津	徐俊峰
高 琳	郭文云	郭晋保	傅小军	廖代言	燕 甍	魏光祥

现代教育出版社
Modern Education Press

图书在版编目 (CIP) 数据

读者工作 / 完强编著. –– 北京：现代教育出版社，2020.3

（中小学图书馆员基本素养和基本技能系列丛书 / 王富主编）

ISBN 978-7-5106-7725-0

Ⅰ.①读… Ⅱ.①完… Ⅲ.①中小学—学校图书馆—图书馆工作—读者工作—基本知识 Ⅳ.①G258.69

中国版本图书馆CIP数据核字(2020)第029112号

读者工作

中小学图书馆员基本素养和基本技能系列丛书

出 品 人	陈 琦
丛书主编	王 富
本书编著	完 强
选题策划	李 硕
责任编辑	李维杰
封面设计	韩志鹏
出版发行	现代教育出版社
地 址	北京市朝阳区安华里504号E座
邮 编	100011
电 话	010-64252230（编辑部）010-64256130（发行部）
印 刷	高教社(天津)印务有限公司
开 本	710 mm × 1000 mm 1/16
印 张	14.75
字 数	260千字
版 次	2020年5月第1版
印 次	2020年5月第1次印刷
书 号	ISBN 978-7-5106-7725-0
定 价	44.50元

■ 前 言

2018年教育部颁布了全新的《中小学图书馆（室）规程》，对2003年版的规程做出了重大的调整，其中特别增加了"第五章 应用与服务"，对图书馆的读者工作做出了更加明确的要求。

随着计算机技术的发展，图书馆管理的自动化、网络化以及馆藏资源的多样化，中小学图书馆的工作内容、工作方式和工作手段跟以往相比都发生了巨大的变化。这些变化与需求不断推动中小学图书馆的管理人员掌握新技术，不断进行知识更新，为广大师生提供更加优质的服务。

近年来，各级主管部门不断加强对中小学图书馆馆员的培训力度，使图书馆馆员的知识结构日趋完善，业务素养不断提高，以满足在新形势下的工作需求。但我们发现这些培训的系统性、可持续性不强，同时针对中小学图书馆工作人员的培训教材数量极少。而且在这些为数不多的教材中，一方面部分内容陈旧过时，无法适应新形势下的需求；另一方面专指性不强，不能解决中小学图书馆工作人员在具体工作中出现的问题。

中小学图书馆的读者与其他类型图书馆不同，工作人员的专业素养差异性大。在中小学图书馆中有一部分从教学一线转岗到图书馆的教师，他们虽然有着很高的工作热情，但缺乏图书馆专业知识，急需通过培训与学习提高自身的业务水平。为此，根据中小学图书馆的特点，编者从中小学图书馆读者工作的实际出发，并结合多年来在中小学图书馆的工作经验编写了本书。本书适合中小学图书馆工作者和管理者学习参考使用。

最后，特别感谢首都师范大学附属中学杨莉、许红云、朱峰漪老师，上海市蓬莱路第二小学胡莹老师，上海市三林中学唐昭琼老师和北京市西城区前进小学沈莹老师，他们为本书提供了经典案例介绍；感谢回因建筑设计咨询（北京）有限公司和金伟琦，他们为本书提供了图书馆素材图片。

由于本人水平有限，本书可能存在许多不妥之处，恳请图书馆学界专家、中小学图书馆同人们批评指正。

■ 目 录

第一章

读者工作

中 小 学 图 书 馆 员 · 基 本 素 养 和 基 本 技 能 系 列 丛 书

导　语

　　中小学图书馆无论开展何种形式的阅读推广活动，都是为了激发师生的阅读兴趣，提高图书馆各类资源的利用率。为了达到这一目的，就必须加大读者工作的力度，促使更多的读者走进图书馆，利用图书馆。这也是我们开展图书馆读者工作的核心思想。

第一节 读者工作概述

　　读者作为社会历史的产物，是随着社会经济的发展和人类文明的进步而产生的。读者作为一种社会性的概念，主要是指具有文献需求和阅读能力，从事阅读活动的社会成员。图书馆读者是读者范畴内的一个特指概念，通常是指具有文献需求和阅读能力，并充分利用图书馆资源的个人和社会团体。

　　关于图书馆读者工作的含义，有广义和狭义两种范畴。

　　广义的读者工作是指图书馆管理者根据图书馆的办馆方针、任务和目标，对图书馆的读者进行有目的的组织与整序，研究其阅读需要的规律，协调其同图书馆的关系，使文献流与读者流有机地结合起来，从而使图书馆的文献资源和读者智力资源得到有效开发的过程。

　　狭义的读者工作是指向读者宣传、推荐和提供文献的工作。它是开发文献资源的重要手段，是图书馆联系读者的纽带。

　　结合广义与狭义两方面的含义可以看出，图书馆的读者工作即指利用图书馆的文献信息及其他条件，通过组织研究文献信息、组织研究读者和组织研究服务，帮助读者利用馆藏资源并从中获得知识、掌握信息，从而实现图书馆工作社会价值的一种专业工作活动。图书馆读者工作能够接触到广大的读者，可以说，读者工作是图书馆为读者服务的前沿，也是图书馆为读者服务的窗口。读者工作主要包括读者研究、读者教育、读者服务和读者管理等多方面的工作。

中小学图书馆员·基本素养和基本技能系列丛书

第二节　图书馆学经典理论中的"读者"

　　读者作为图书馆事业的重要组成部分，中外很多学者都对其进行了详尽的描述。首先我们来看看我国图书馆学界对于"读者"这一概念的认识。

一、"要素说"中的读者

　　我国关于图书馆学研究对象的认识，主流的观点是"要素说"。要素说有它自身的发展历程。我国较早提出"要素说"的有刘国钧、杜定友、陶述先等先生。要素说的萌芽可以上溯至 20 世纪 20 年代。1921 年，刘国钧先生在《儿童图书馆和儿童文学》一文中曾说："一个完善的儿童图书馆必定要有三种要素——合法的设备、适宜的管理员和正当的书籍。"1926 年，杜定友先生在《图书馆学的内容和方法》一文中提出了著名的图书馆学理论基础，可称为"三位一体"的思想：一为"书"，包括图书等一切文化记载；次为"人"，即阅览者；三为"法"，图书馆之一切设备及管理方法、管理人才。三者合一，乃成整个图书馆。1927 年，他在《图书馆学概论》一书中明确提出："图书馆的设立，有三大要素。"陶述先先生于 1929 年在《图书馆广告学》中说："图书馆，其要素有三，书籍、馆员和读者。"

　　1934 年，刘国钧先生在《图书馆学要旨》一书中扩充了他以前提出的三要素的思想，提出了图书馆学的"四要素"学说。他在书中指出，图书馆成立的要素，若加以分析，可以说有四个，即图书、人员、设备和方法。图书是原料；人员是整理和保存这些原料的；设备包括房屋在内，乃是储藏原料、人员、工作和使用图书的场所；而方法乃是图书所以能与人发生关系的媒介，是将图书、人员和设备打成一片的联络针。于是，分别研究这四种要素便成为各种专门学问。1957 年，他又写了《什么是图书馆学》一文，进一步发展了图书馆要素的说法，明确指出："图书馆事业有五项组成要素，即图书、读者、领导和干部、建筑与设备、工作方法。"显然，五者之中缺少任何一项，就不能有图书馆的存在。因此，图书馆学必须对这些要素分别进行深入的研究。

进入 20 世纪 80 年代，我国的图书馆学者吴慰慈、黄宗忠等先生在自己的著作中相继提出了各自的要素说。如 1985 年，吴慰慈在《图书馆学概论》一书中提出："图书馆的构成，有藏书、读者、干部、技术方法、建筑设备等要素，这些要素的相互结合和相互作用，构成了图书馆这个发展着的有机体。"1988 年，黄宗忠先生在《图书馆学导论》一书中提出："图书馆应由藏书、人（馆）员、读者、建筑和设备、技术方法、管理六个要素构成。"

无论上面哪些说法，都是在当时的历史条件下，对图书馆学研究对象所做的一种表述，在图书馆学理论研究领域具有相当大的影响。我们纵览要素说的发展历程不难发现，"读者"这一要素一直贯穿其中。

二、"图书馆学五定律"中的读者

下面简要介绍一下国外图书馆学研究中对于"读者"的认识。

"图书馆学五定律"是对图书馆学基本定律的归纳，是图书馆学研究由现象到本质、由具体到抽象、由一般到精深的重要转变，被国际图书馆界誉为"我们职业最简明的表述""图书馆工作的最高准则"。

图书馆学五定律的发展历程可分为三个主要阶段：

20 世纪 30 年代的形成期。印度图书馆学家阮冈纳赞于 1931 年率先提出"图书馆学五定律"，成为图书馆学基础理论深入发展的标志之一。他提出的图书馆学五定律的具体内容是：①书是为了用的；②每个读者有其书；③每本书有其读者；④节省读者的时间；⑤图书馆是一个生长着的有机体。

20 世纪 90 年代的发展期。1992 年，美国图书馆协会前主席雷蒂希为图书馆学五定律增添了第六定律，进一步扩展了五定律的内涵。他将第六定律阐述为："每个读者都有其自由。"

进入 21 世纪后的创新期。图书馆学家与时俱进，将新兴信息、通信技术融入图书馆学五定律，对其内涵和外延进行创新性拓展。这个阶段将网络资源、媒介以及知识都纳入了五定律之中。

通过研究图书馆学经典著作中的内容可以看出，构成图书馆最为重要的因素是读者，没有读者，图书馆就失去了存在的意义。读者是图书馆一切工作的出发点和归宿，图书馆的一切工作都要围绕读者来展开。无论选书、分类、编目、典藏、流通、阅览、开架、参考咨询，还是图书馆建筑、设备和管理，都应体现出以方便读者、满足读者的一切需求为最高标准。"读者第一""一切为了读者""为人找书""为书找人"永远是图书馆服务的根本宗旨。

第三节 读者工作的意义与作用

一、读者工作的意义

改革开放以来，我国图书的出版发行量不断提高，图书馆内馆藏图书也随之成倍地增长，图书馆工作的内容也不断地充实起来，处理和传递信息的技术手段发生了变革式的进步。然而读者从图书馆服务中所得到的满足程度并不如原来预想的那样，尤其是中小学图书馆对于部分学生来讲依然可有可无。仔细思考其中的原因，还是因为图书馆没能最大限度地满足读者的需求。

读者的使用需求是学校图书馆存在和发展的基础，没有读者的需求，图书馆也就没有了运行的动力和发展壮大的根基。要提高馆藏资源的利用率，发挥其在传递知识中的作用，必须有为读者服务的新理念。图书馆要提高其在学校中的地位，图书馆工作人员要实现自身的社会价值，获得广大师生的尊重，必须以满足读者需要为第一要务，在工作中尽力做到以服务读者为上，提高服务效率与服务质量。多年来，大量的优秀学生和学校图书馆建立了深厚的感情，他们利用图书馆的藏书不断进行自我充实，利用图书馆内的空间开展各类活动，最终取得了优异的成绩。这些也从一个侧面印证了图书馆读者工作的重要性。

二、读者工作的作用

中小学图书馆和其他类型的图书馆一样，有着丰富的文献资源，是广大师生汲取知识的重要场所。2018年教育部印发的《中小学图书馆（室）规程》中指出："图书馆是中小学校的文献信息中心，是学校教育教学和教育科学研究的重要场所，是学校文化建设和课程资源建设的重要载体，是促进学生全面发展和推动教师专业成长的重要平台。"图书馆在为教育教学服务的过程中，读者工作起着极其重要的作用。

中小学图书馆的读者工作直接体现了中小学图书馆的建馆方针和图书馆职能的发挥，图书馆的不同服务对象和不同服务内容也是通过读者工作得到支持与实现的。

中小学图书馆承担着建立健全学校文献信息和服务体系，协助教师开展教学教研活动，指导学生掌握检索与利用文献信息的知识与技能，培养学生阅读兴趣和阅读习惯的重要功能；肩负着贯彻党的教育方针，培育社会主义核心价值观，弘扬中华优秀传统文化，促进学生德智体美劳全面发展的重要任务。这些功能和任务的实现也是通过读者工作来体现的。

（一）读者工作是图书馆连接读者和藏书的纽带

读者工作是图书馆的中心工作。一方面图书馆拥有大量的藏书供读者使用，另一方面又面对着大量的读者。要使图书馆丰富的馆藏资源充分被读者利用，需要读者工作，读者工作在读者与馆藏资源之间起着纽带作用。中小学图书馆既要解决好读者需求的多样性和馆藏结构的复杂性之间的矛盾，又要处理好供与求的关系。中小学图书馆的读者工作在"为人找书""为书找人"的过程中起着纽带的作用。

在实际工作中，广大师生是图书馆的主要服务对象。不同类型的读者会根据自身的具体情况，带着学习和生活中的问题以及阅读需求来到图书馆。馆内的各种类型的文献信息资源则应为读者所利用。读者的阅读需求是多种多样、千差万别的，馆藏资源更是丰富多彩的。要解决读者阅读需求的多重性与馆藏资源复杂性的矛盾，解决图书馆藏与用的矛盾，就要充分发挥读者工作这一纽带的积极作用，把读者与馆藏紧密连接在一起。

（二）读者工作具有进行社会教育的职能和培养人才的作用

学校图书馆是学校教育的重要组成部分，图书馆具有的社会教育职能就是通过读者工作来体现的。人才的培养是全方位的，但都离不开教育。近年来，随着我国教育事业的蓬勃发展，学校图书馆成为广大师生实现自主学习、继续教育、终身教育的重要场所。学校图书馆凭借其大量、完备、系统、及时更新的文献信息资源和优质的服务，通过宣传、推荐、指导阅读、参考咨询等方式，将馆藏文献信息传递给读者，向读者展示了全新的科技动态，使读者获得了更多的知识，扩大了他们的视野，充实了他们的学习内容和业余文化生活，充分发挥了学校图书馆读者工作的社会教育职能及人才培养作用。

（三）读者工作是衡量图书馆工作成绩的重要标志

中小学图书馆由于其规模、行政管辖等多方面的原因，导致其在日常工作中要处理大量其他各类临时性工作。但图书馆工作的基本业务流程主要还是两个方面：一方面是文献的搜集、整理、典藏和保管等，即图书馆的馆藏资源建设工作；另一方面是文献的传递和使用工作，如图书的外借、馆内阅览、书评推荐等，即图书馆的流通工作。这两方面的工作从间接到直接为读者提供服务，都是完成图书馆工作任务不可缺少的环节。

馆藏资源建设是图书馆工作的基础，搜集、整理、登录、分类、编目、加工上架这一系列的工作都是图书馆的基础业务流程。虽然这些工作的好与坏在各个工作环节中都能得到考核，但最终还是需要以读者利用馆藏信息的效果来作全面的考查。例如，图书采购的质量如何，是否符合本馆读者的需要，图书的复本量是否合理，图书的种类是否完备，能否涉及读者所需的各个学科，分类、编目工作的组织是否科学，是否能使读者快捷高效地找到所需资源，排架是否符合读者的生理、心理需求。这一系列的工作都需要在读者工作的实践中得到检验。评价一个图书馆的管理水平和服务效益，是以图书馆的文献被读者利用的程度和这些文献在读者中流通产生的效益为标准的，而不只是简单地以图书馆的大小或藏书多少为尺度的。读者工作是图书馆全部工作的外在表现，是衡量图书馆工作成绩的重要标志。

第四节 读者工作的内容

一、读者研究

图书馆的读者研究是对读者特点和读者在文献利用过程中所反映出来的阅读心理、阅读需求、阅读行为等规律的研究。读者研究是图书馆读者工作的重要组成部分，也是图书馆学研究的一个重要方面。读者研究的目的是提高图书馆的服务质量和效率，有助于图书馆对不同读者进行有针对性的服务，有利于制定或调整图书馆事业的发展目标。

二、读者管理

读者管理是图书馆的重要工作之一，除了要制定一套相关的读者管理制度，还应当加强图书馆员与读者的沟通，从而营造和谐的图书馆氛围。读者管理工作的质量高低直接影响到读者能否充分利用图书馆内的信息资源，这就需要图书馆实施有效的读者管理工作，根据实际情况制定相应借阅规则与阅览制度，保障图书馆和谐稳定发展。

（一）读者管理的必要性

对图书馆读者进行管理能够更好地帮助图书馆做到井然有序。因为中小学图书馆的学生大多活泼好动，大量读者属于非完全行为能力人，自控能力差；初中阶段的学生又正处于青春发育期，易急躁冲动，难免出现各种问题。例如有的读者在馆内大声喧哗、随意跑跳，有的因为操作失误或者随意玩耍导致图书馆的资料或设备损坏，有的对馆内图书乱写乱画，更有甚者盗窃馆内图书，等等。因此，如果图书馆不对读者进行必要的管理，那么今后图书馆的发展势必伴随更多的损失。因其关系到图书馆自身的发展，同时也要对学生读者进行规范个人行为、尊重契约精神的教育，所以学校图书馆必须要对读者进行管理。

图书馆要以服务读者为核心，图书馆的不断发展和建设都应以读者为中心，读者的建议是图书馆不断发展的重要依据。因此，图书馆要极力倡导以人为本、读者至上的管理，把读者放到工作的首位，在一切为了读者的前提下总结有用的经验，对读者实施管理，受益人最终还是读者。总之，为了创造和谐文明的图书馆文化，必须要做到在尊重读者的前提下，实现图书馆的管理目标。

（二）读者管理的原则

1. 自律原则

自律是指在没有人现场监督的情况下，通过自己要求自己，变被动为主动，自觉地遵循规章制度，约束自己的一言一行。自律原则是指不受外界约束和情感支配，依据自己的善良意志按自己的道德规律而行事的道德原则。自律并不是用一系列的规章制度来强制性地约束人，而是用自觉的行动营造一种非常有纪律的氛围，从而为读者在图书馆的学习生活创造良好的条件。图书馆制定读者管理制度用以规范读者的行为，具有较强的约束力，但是读者管理的真正目的是激发读者自身的潜力，使读者变被约束为自律。读者管理遵循自律原则，就是要对读者进行合理的管理，使其遵循法度，自我约束。

2. 尊重原则

尊重是指对人的尊敬、重视，是一种平等相待的心态。人与人之间是平等的，互相尊重的，只有学会尊重他人，才能得到他人的尊重。尊重他人是一种社会美德，是个人素质的体现，只有尊重他人，才能建立良好的社交关系，才能更好地完成工作。图书馆的读者管理工作要坚持尊重原则，尊重读者首先要平等地对待读者，不能用一种居高临下的态度对待读者。读者和馆员在图书馆中的地位是平等的，不同读者之间也是平等的，都拥有平等地使用图书馆的权利。读者管理相关制度的制定也要基于对读者的尊重，一些具有人身攻击性质的言行以及违反师德的行为在图书馆应当被禁止。

3. 导向性原则

读者管理中的导向性原则是指对读者进行管理时要有一定的方向性，以引导读者活动向正确的方向发展。学校图书馆应当从多个角度、多个方面为读者营造良好的学习氛围，正确引导读者的阅读行为。读者管理工作中的导向作用不仅仅停留在预防和约束读者错误的言行方面，更重要的是要引导读者产生积极向上的动力，提高自身素质。

三、读者服务

读者服务是贯穿图书馆发展的主线，是图书馆的核心价值观。图书馆现代化发展的最终目标就是为读者提供更好的服务。因此每一位图书馆工作人员都必须坚持并且传承"读者第一，服务至上，全心全意为读者服务"的理念，中小学图书馆员也要坚持这一理念。具体地讲，中小学图书馆是依附于校园这个主体而存在的，这就决定了其必须要为教育教学服务。中小学图书馆的真正主人是学校的全体师生。中小学图书馆员的职责就是运用所学的知识技能和专业技术为全体师生提供更好的服务。

这些服务内容可以在学校图书馆馆舍内与馆外提供。信息和通信技术可以将图书馆服务延伸至学校的所有区域，甚至家庭。一个强大的网络基础设施平台提供了获取馆藏资源和数字资源的途径，也提供了从事研究性学习以及知识建构、表达和分享所需的工具。

学校图书馆对于在校师生而言具有重要的附加价值。这些附加价值不局限于学校图书馆的馆藏资源，还包括富有活力的学校图书馆活动，以及由符合资质的学校图书馆员所提供的服务。

（一）学校图书馆读者服务的内容

1. 教职员工的专业发展（如阅读和基本素养、技术、调查和研究方法）

学校图书馆通过提供教师专业发展的资源（尤其与新资料和技术、新课程以及新的教学策略有关）支持教师。学校图书馆馆员经常通过与教师们在学习中协同工作，为他们提供职业发展所需要的帮助，具体方式包括：为教师提供资源，使之拓宽学科知识或改进教学方法；针对不同的评估和评价体系提供资源支持；就某项特定工作成为教师的工作伙伴，与之共同计划需要在课堂或图书馆中完成的工作内容；通过馆际互借和数字网络，将图书馆变为连接更广泛资源的节点，为教育教学活动提供帮助。

2. 以休闲娱乐、知识提升、学术研究为目的阅读活动

阅读活动应包括社会文化活动和知识学习活动等方面。各类馆藏资源都应该通过书评、图书馆展览和图书馆网站等方式向教师和学生推广，还可以通过在图书馆或学校举办作者见面会和图书漂流等特别活动来提高读者基本素养和阅读水平。这些特别活动最好能给家长提供机会，让他们也参与进来。家长也可以通过家庭阅读活动和朗读活动参与到孩子的基本素养培育中来。

3. 探究式学习与信息素养发展

探究式学习包括必要的探究和终身的学习技能。基于过程的教学还能提升自主学习能力以及协作技能。自主学习能力对于培养终身学习至关重要。在整个探究过程中，教师需要引导学生思考他们的思维活动和学习过程，并利用这些自我认识建立学习目标，进而为实现目标管理探究过程。自主学习者能够使用各类资源满足个人需求，能够寻找问题的答案，能够考虑多种观点，能够分析观点之间的差异。他们能够认识到信息、信息源和图书馆具有复杂的组织关系和结构，并且在需要时到图书馆寻求帮助。

学校图书馆员通过以多媒体技术和信息素养课程为基础的教学方法，使学生成为具备信息素养、有自主学习能力的学习者，从而能够运用各类工具获得信息，交流学习成果，并且能自如应对多解或无解的局面。他们对工作持高标准，才能够创造高质量的成果。具备信息素养的学生能够灵活应对变局，在独立工作或团队协作中灵活发挥所长。

4. 利用外馆资源提供资源共享服务

学校图书馆应通过馆际互借和资源共享等方式，来拓展读者获取图书馆资源的途径。然而，现阶段馆际互借不属于中小学图书馆工作的传统项目，且不具备相应的软硬件设备与政策支持，开展起来相对困难。如果学校图书馆通过联合目录或在线数据库及数字资源的共享获取相互链接，则馆际互借和资源共享较易于实现。

（二）新时期读者服务理念的转变

1. 善于运用新技术，提高读者服务的质量

图书馆的管理工作以自动化、数字化、网络化、信息化、智能化为主要的发展方向。因此，我们在进行学校图书馆的现代化建设过程中，必须增加对现代化技术的应用，以此来实现图书馆管理工作的网络化和信息化，从而为读者

提供更高效的信息资源服务。图书馆的数字化、网络化，是以计算机技术、网络通信技术的应用为主要前提条件的，因而图书馆在信息化建设中，如果不能有效解决工作人员的网络技术问题，则会严重影响到为读者所提供的服务的质量。因此，图书馆必须加强对工作人员的网络信息技术的培训，让工作人员掌握先进的现代化技术，提高工作的质量和水平。

2. 重视提升对读者个性化服务的意识

个性化的服务，也是以人为本的服务理念在图书馆工作中的具体应用。图书馆的读者有不同的年龄群体，他们在学习需求、兴趣爱好、性格特点等方面有所不同，因而对于图书资源的需求类型也不尽相同。针对这样的现实情况，图书馆需要为读者群体提供个性化的服务，以满足不同读者的需求。具体而言，要求根据读者的行为方式、信息需求、心理倾向、知识结构等，在对读者所习惯采用的思维方式进行研究的基础之上，为读者提供适合其行为需求和心理需求的服务方式。

个性化的服务能够在很大程度上满足读者的需求，激发读者对于文献资料的兴趣，进而促进文献资料的应用效率。因而，图书馆工作人员可以依据实际的工作需要，对图书馆的读者群体进行划分，以更好地满足不同的读者群体对于文献资料的需求，落实以人为本的工作理念。

3. 读者服务重心由一般性的服务向参考咨询服务转变

传统的图书馆服务方式，是将有效的信息资源加以搜集、整理、保管、汇编，对于读者的服务方式，也仅仅局限于阅读指导、宣传、复制、阅览、外借等方面。随着社会的发展和技术的进步，各种电子出版物和信息资源急剧增多，图书馆在为读者提供更加丰富的信息资源的同时，也由于信息资源的泛滥化、无序化、庞大化、分散化、交叉重复化，给读者获取有效的信息资源带来了一定的困难，让读者在泛滥的信息资源中失去目标。因而，图书馆工作人员需要在做好一般性的服务工作的同时，抽出一定的时间和精力，完成对信息资源的筛选、整合、汇编，为读者提供更加有效的信息资源，提高信息资源利用率。图书馆工作人员在进行信息资源的整理汇编过程中，必须对众多的信息资源进行高效、准确、迅速的搜集和整理，成为信息资源管理和使用方面的专家，以满足读者的不同需求，为读者进行知识的定位和导航。这就要求图书馆工作者要在平时的工作中，将重心放在对读者的参考咨询服务方面，才能起到传播知识、传递信息，引领读者思维走向的作用，提升图书馆的服务质量和服务效率。

（三）新时期读者服务的开展

计算机技术、网络技术在图书馆工作中的应用，改变了传统图书馆的工作方式，读者服务也因此变得更加开放和多元化。读者可以在任何时间、任何地点通过网络终端联网的方式查询所需要的图书信息，也可以和工作人员进行在线的沟通咨询。这就要求图书馆利用网络技术与资源，开展多种多样的服务。

1. 传统图书馆服务的信息化、网络化

读者利用网络终端连接学校图书馆自动化系统检索馆藏文献。系统可提供的检索条件有题名、责任者、分类号、主题词、ISBN号（国际标准书号）、出版单位、出版时间等，还可提供模糊检索、二次检索等功能。读者可在系统内查询图书的在馆情况，对需要借阅而已被借出的图书进行预约登记，对本人借阅的图书办理续借手续，还可以查询本人的所有借阅历史。系统定期向读者推送上架新书信息，并结合读者个人阅读情况进行推荐。以上这些内容在传统图书馆中都需要读者亲自到馆才能完成。现在利用网络以及移动多媒体技术，读者足不出户就可以享受到这些服务了。

2. 图书、期刊的数字化阅读

学校图书馆购买的数字化图书、期刊资源，可通过身份认证的方式提供给读者使用。读者可在任何地区通过网络自行浏览图书馆购买的数字化产品，并享受主题服务、全文检索和引文索引等服务。馆员可以通过系统后台掌握本馆读者使用数据库的情况，并进行大数据分析，为读者研究等工作提供真实有效的依据。

3. 建立图书馆主页及信息发布平台

学校图书馆在主页上设有图书馆导航、图书馆资讯、新书通报等栏目。有条件的可以建立多数据库的统一检索入口、统一登录窗口。读者只需进行一次检索即可将图书馆内符合要求的纸质书、电子书、多媒体资源一并检索出来，同时进行一次身份认证即可跨数据库使用资源。这些服务既在网络上宣传了图书馆，又传递了书目数据、数字资源；图书馆主页及其他智能终端的信息发布平台既是宣传展示的窗口，也成了网络服务的入口。

4. 网络阅览服务

建立电子阅览室的目的是让读者利用网络终端设备进行电子出版物的阅读。图书馆为防止读者利用设备进行非阅读类操作,可在设备上安装使用行为控制软件;或使用电子书类产品,防止电子阅览室网吧化、游戏厅化。

5. 利用移动即时通信软件进行参考咨询、读者交流等活动

图书馆可以利用即时通信软件(如微信、微博、QQ 等)获取读者提问,向读者发送咨询结果,还可发送到期催还信息等。利用这类软件,图书馆员还能与读者在网上交流意见和想法,共同促进图书馆的发展。学生读者由于年龄或者性格等多方面的原因,有些在馆内同工作人员面对面时不善于表达自己的想法和提出自己的问题,但通过网络即时通信软件却能够畅所欲言。馆员通过这些手段,能够更加全面细致地了解读者的心声。

6. 一校多址情况下的资源共享服务

现阶段随着教育改革的深入,很多学校在发展中呈现出一校多址、学校集团化的趋势。各个校址或集团校间的图书馆如何进行资源共享和分工协作是一个新的问题。在传统模式下,各类工作大多是通过手工以及人力传递来完成的。这样既浪费时间又消耗精力,同时还容易造成资源建设的浪费。如果图书馆系统间联网操作,使用统一的 CNMARC(中国机读目录)著录格式,数据接口都遵循 Z39.50 通信协议,那么在馆际协作的基础上就可以更方便地实现资源建设、馆际互借与资源共享了。

7. 校本资源数字化建设

校本资源指学校为了满足本校教师教育、教学需要而设计开发的数字化教学信息资源,包括数字化素材、数字化课件、数字化教学材料、网络课程等。现有教学资源不能满足教师的教学需求是制约教育信息化深入开展的瓶颈,而根据教师教学需求开展校本资源数字化建设是解决这一问题的有效途径。各学校图书馆可依据图书分类标引方式对已有校本资源进行信息组织,并结合 Z39.50 协议进行数据库建设。这项工作可以使校本资源的存储和利用更加有序化,从而更好地满足用户的使用需要。

四、读者教育

从图书馆的概念来看,图书馆是文化教育机构;从图书馆的职能来看,它应具有开发智力资源、进行社会教育的职能。所以,教育工作自图书馆建立的

那一天起便随之存在。作为教育系统中的中小学图书馆就更应该加强读者的教育工作。

读者教育是指利用多种多样的教育形式帮助读者了解文献知识、图书馆馆藏情况和服务内容，掌握信息检索和利用的方法，增强信息意识，提高表达信息需求的能力，并使其能借助各种检索工具和通过各种渠道获取所需的文献与信息。读者教育是一项普及性、实用性的综合能力教育，是图书馆为开发利用文献资源和实现其教育职能而开展的一项重要工作。

目前，我国中小学图书馆开展读者教育工作存在以下问题：

1. 对读者教育工作认识不明确

部分中小学图书馆并没有明确把开展读者教育纳入图书馆工作职责范围中，对读者教育工作不够重视，从而导致了读者教育工作的随意性。作为中小学图书馆工作者，我们应当认识到读者教育的重要性，确立读者教育在图书馆工作中的核心地位。

2. 馆员配备不足，专业素养参差不齐

部分地区的中小学图书馆中存在着人员配备明显不足，或由学校教师兼职管理，没有配备具有专业图书馆知识的工作人员的现象。人员数量的不足使得这些图书馆只能维持基本的开馆阅览，图书馆员专业知识不足使得他们连最基本的编目、流通工作做起来都十分吃力，更无暇顾及读者教育工作的开展。图书馆员是读者教育工作的灵魂，馆员的素质直接影响读者教育的效率。

3. 馆员工作理念落后

现在还有很多图书馆员抱着传统的思想，只开展被动式的服务，从事简单的图书上架、流通工作，仅仅充当图书馆的守护者而不是使用者。他们不认真研究读者的阅读心理，没有主动和读者进行沟通，不了解读者的阅读需求，因此也没能认识到读者教育的必要性，开展读者教育工作更无从谈起。

4. 读者教育的内容简单，形式单一

有些图书馆仅在开学的时候开展一些新生的入馆教育，将之当成读者教育的全部工作。而真正的读者教育应该是长期的可持续的，读者只要来到图书馆就能接受到读者教育。读者教育的内容应该是丰富多彩的，形式应该是充满趣味的。教育的方式也不仅仅局限在图书馆或者教室里的说教，学校图书馆可以采用请进来、走出去的办法，邀请相关图书馆、出版机构、书店以及图书作者来校内进行沙龙讲座，也可以带领读者到这些单位参加各式各样的活动。只有让读者真心喜欢，并且主动接受的，才是好的读者教育。

　　中小学图书馆的读者教育处于图书馆读者教育中的初始阶段，能为以后的读者教育工作打下坚实的基础。中小学生以后进入大学或者进入社会后，会有更多的信息需求，也必将更多地利用图书馆以及网络。读者在中小学阶段所受到的良好的读者教育，会帮助他们更好地解决知识需求的问题。

第五节　读者工作的原则

中小学图书馆在读者工作的具体实施中，应遵循以下四项原则。

一、公平性原则

学校图书馆是学校的文献信息中心，在校师生平等享有自主获取文献信息的权利应受到尊重与维护。图书馆的读者工作必须遵循公平服务原则，要以博爱的精神对待每位读者，维护读者的合法权益，包括公平享有读者资格的权利、阅读的权利、个人人格和隐私不受侵犯的权利、提出咨询问题的权利、参与和监督图书馆管理的权利、提出合理化建议的权利等。国际图书馆协会联合会在 2015 年发布的《学校图书馆指南》（第二版）中明确提出："他们应平等对待所有儿童、青年和成年人，不论对方的能力和背景如何，同时应维护对方的隐私权和知情权。"

公平性不仅是图书馆权利精神的基本要求，而且是图书馆公共性的基本特征。就图书馆公共性内涵而言，公平性正是其内在要求，体现了图书馆公共性的时代价值和精神内涵。图书馆公共性不仅强调图书馆的公益性，而且倡导学校图书馆应为作为读者的广大师生提供无差别的图书馆服务，通过图书馆规章制度的建立，一视同仁、平等地面向所有读者，满足各类读者的需求。在图书流通借阅的过程中也应遵循公平性原则，严格按照馆内制定的规章制度与借阅规则行事。

二、人文性原则

人文是人类文化中的先进部分和核心部分，即先进的价值观及其规范。其集中体现是重视人，尊重人，关心人，爱护人。简而言之，人文即重视人的文化。具体到学校图书馆就应当坚持"以人为本"。人文性原则在读者工作中主要表现在服务过程中尊重学生、关心学生、培养学生，即尊重学生的生命存在，关心学生的生命成长，培育学生的生命意义。这些人文理念与人文价值要通过更多的服务细节来实现。

进入 21 世纪以来，各中小学校图书馆已逐渐实现了信息化管理。然而在实际的图书馆工作中，信息化给图书馆工作带来的并不是一劳永逸，它也存在着盲点。如果我们完全依赖于信息化管理，而不是充分发挥人的主观能动性，那么信息化管理的优势就不能充分地体现出来，甚至还会让图书馆少了原来的人情味。信息化管理简化了图书馆工作的流程，提高了图书馆的工作效率，但现代化的管理方式也存在着疏离了传统的图书管理员与书籍的密切关系的现象。

传统图书馆的管理员每天与图书打交道，与图书之间存在着一种亲密的关系。一名优秀的图书管理员会以一种特殊的关爱方式对待自己所管理的书籍。在这种情况下，尽管他可能没有先进的设备，却能对自己所管理的书籍情况烂熟于心，能很好地保护书籍，服务读者。这也是管理员的图书馆人文素养的体现。信息化时代的图书馆，管理员可能会出现过度依赖计算机的情况，忽略人与书之间的密切关系。在这种情况下，现代设备的运用不但不会带来便利，反而可能会带来失误。例如，有时候图书馆中的书会丢失，或者读者阅览后没有放回原位，影响了后面读者的阅读。如果管理人员不了解书籍的情况，而是只通过计算机去查询，就不能真正了解图书馆真实的馆藏情况，也就不能很好地为读者服务。

现在很多图书经销商提供了很完备的服务，能够让图书馆采购人员足不出户就完成一系列的图书采访、编目、流通上架工作，这大大减轻了图书馆（尤其是中小型图书馆）的工作量，提高了图书的上架速度与时效性；但这也会使工作人员对于书籍内容、全馆藏书建设情况的整体性，以及对图书的内容分类、分析主题、数据编目等一系工作的熟练程度大打折扣。我们需要在实际工作中不断加深与掌握图书馆的基础知识与实际业务，这也是提高图书馆馆工作人员人文素养的一条重要途径。

在日常开馆过程中，在条件允许的情况下，图书馆员应当多走到读者中去，观察读者的阅读习惯，了解馆藏图书的基本情况，这样才能给予读者图书推荐与阅览指导。图书馆员只有将人文性内化到图书馆日常流通工作中去，将传统的热情服务态度融入现代速度和效率中去，才能使图书馆的管理工作真正做到"以读者为中心"，为读者服务。

三、个性化原则

读者工作中的个性化服务是建立在对读者和藏书系统调查分析的基础之上的。图书馆的藏书及其使用具有多级别多层次的特点。图书馆的读者及其需求更是一个有层次的动态结构。不同类型、不同年龄、不同文化水平、不同爱好以及承担不同职务的读者，对图书馆的需求是多级别的，而且是不断变化的。图书馆员要做好个性化的读者服务工作，必须了解和掌握读者的阅读心理和需求。

个性化服务的实质是针对性，即对不同的用户采用不同的服务方法，提供不同的服务内容。满足个性化服务的关键是完成为人找信息和为信息找人的一个复杂的过程，这种服务的目的是使读者通过最小的努力获得最好的服务。目前，我国中小学图书馆大多处在传统图书馆与数字图书馆两种模式并存的阶段。

（一）传统图书馆的个性化服务

传统图书馆的服务模式是管理员直接面对读者，为读者提供文献借阅、书目检索、信息咨询等服务。在个性化服务中应当做好以下几个方面的工作。

1. 加强文献资源建设

文献资源建设是图书馆开展个性化服务的基础。要注重藏书建设的连续性和系统性，改变单纯以文献利用率作为衡量文献收藏质量的标准，要以是否能满足学校信息资源中心建设的需求、促进教育教学的发展和培养学生科学与人文素养作为重要依据。只有这样，图书馆才能为开展个性化服务提供文献保障。

2. 加强读者信息需求行为的研究

在网络和数字技术高速发展的今天，读者的需求更加多样化。未来一段时间内，数字资源还无法完全代替印刷型文献。尤其考虑到学生读者的身体发育以及学生对于整本书阅读能力的要求，分析读者对传统文献的需求仍是图书馆不可忽略的工作。只有加强读者信息需求特点的研究，图书馆才能有针对性地开展个性化服务工作，为开展优质高效的个性化信息服务工作提供依据。

3. 加强文献宣传工作和信息导航工作

中小学图书馆可以充分利用宣传媒介，向读者介绍馆藏内容，分门别类地推荐书刊；还可以利用校内外资源举办讲座，使读者了解图书馆的服务功能、利用方法和规章制度；认真组织馆员做好信息导航工作，解决到馆读者在查找文献过程中遇到的实际困难，做到有问必答、有求必应，满足其个性化的需求。

（二）数字图书馆的个性化服务

数字图书馆的个性化服务应以建立私人数据库为基础。数字图书馆首先要为读者建立个性化的信息资源库，即私人数据库，让读者在"自己"的图书馆中查找资料。图书馆自动化系统与各类型数字资源厂商都可为每个读者设立账户。基于这一系列的服务，可以为读者提供各种类型的个性化定制服务。

数字化图书下载。允许数字图书馆的读者将馆藏中符合自己需要的数字信息下载到个人电脑中，建立自己的信息资源库。

提供信息咨询服务。图书馆利用即时通信服务软件为读者提供信息咨询和帮助服务。

提供文献信息推荐服务。图书馆根据读者的注册信息与借阅历史分析读者的阅读趋向，定期或不定期地向读者提供阅读推荐服务。

提供业务受理服务。图书馆的自动化系统应充当读者的代理，当读者的检索要求暂时无法满足时，可交由系统来处理，条件满足时再反馈给读者。

四、科学性原则

读者工作的科学性，是指要将科学精神贯穿读者工作的始终，以客观的态度对待读者，用科学的方法开展服务工作，从现实性和可行性两方面出发，积极探索出一整套切实可行又具有新意的服务模式，使读者工作由传统的事务性服务转变为现代的科学性服务。

■ 第二章
读者研究

第一节　读者研究概述

一、读者研究的意义

读者研究是为读者工作寻求社会学与心理学理论依据的活动，是图书馆读者工作的前提和组成部分。在日常的读者服务过程中，它具有反馈读者使用情况的作用，并能为图书馆评估工作提供依据。

图书馆的一切工作，归根结底是为了读者。中小学图书馆工作主要围绕着两个方面进行，一是馆藏资源建设，二是读者工作。开展馆藏资源建设工作，了解和熟悉馆藏资源的目的，也是为使读者得到他们所需的文献信息。因此，熟悉读者类型、研究读者各种各样的阅读需求，是开展读者工作的基础。只有了解不同类型读者所需文献信息的特点，掌握读者的阅读规律，才能在工作中做到想读者之所想，急读者之所急。通过对读者的研究分析，掌握了读者的阅读倾向，才能改善服务工作，使工作做到精益求精。对读者了如指掌，才能避免工作的盲目性，变被动为主动，从而进一步提高读者教育和导读工作的针对性，能够更好地帮助读者利用图书馆。通过对读者的研究分析，能够掌握读者的反馈信息，这对于提高馆藏资源的利用率也有很大的帮助。同时，图书馆员根据对读者各方面情况的了解，也可以及时发现工作中的不足，促进图书馆各方面工作的改进和开展，充分发挥图书馆的各项职能，使图书馆各项工作的服务质量不断提高。

（一）了解并满足读者的阅读需求，吸引更多的读者

如果不能充分了解读者的阅读需求，不对影响读者阅读需求的各种因素进行调查研究，就不可能把读者工作做好。每个图书馆都拥有人数众多的服务对象——读者，这些读者利用图书馆的各类资源都有一定的目的和需求，希望能

从图书馆得到文献信息，或利用图书馆内的空间进行阅读学习，以满足学习、工作、生活各方面的需要。在查找、选择和利用图书馆资源的过程中，读者也常常希望图书馆给予各种帮助，并根据自身情况以最便捷的方式，将需要的文献信息提供给他们。对这些方面进行调查研究，就能在工作中分清主次和轻重缓急，有的放矢地开展各项服务工作。只有充分满足读者的不同需求，使读者工作真正切合读者需要，才能收到良好的效果。

（二）读者研究是做好图书馆其他各项工作的重要依据

读者研究不仅对读者工作是必要的，对于做好图书馆其他各项工作也有着重要的意义。如馆藏资源的采购，在采购纸质资源和数字资源时必须充分考虑读者的需求，采购前广泛征求读者的意见，才能用有限的经费买到更适合读者的资源。同样，在编目排架时，如果不根据读者的文化、专业知识水平和具体需要进行，就会给后期工作带来不便，造成人力、物力的浪费。

（三）学校图书馆的发展离不开读者研究

2015 年教育部、文化部、国家新闻出版广电总局联合印发了《关于加强新时期中小学图书馆建设与应用工作的意见》。2018 年教育部发布了新版《中小学图书馆（室）规程》。这两个指导文件为中小学图书馆的发展指明了方向。

通过这些文件，可以看出上级主管部门对于中小学图书馆提出了新的要求，指出中小学图书馆是学校的文献信息中心，是教育教学和教育科学研究的重要场所，是学校文化建设和课程资源建设的重要载体，是促进学生全面发展和推动教师专业成长的重要平台，是基础教育现代化的重要体现，是社会主义公共文化服务体系的有机组成部分。针对图书馆的实际情况开展工作来满足上级部门提出的这些要求，不仅需要具备图书馆学的理论知识和原有的工作经验，更需要通过开展不间断的读者研究来作为保证。

（四）读者研究是图书馆学的重要组成部分

作为图书馆实践活动的经验总结和理论指导，图书馆学理论研究应重视读者研究，将读者的阅读需求和阅读活动纳入学科研究范围，给予密切关注和高度重视；否则，将背离"服务第一，读者至上"的人本原则和人文精神，文献

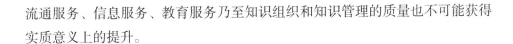

流通服务、信息服务、教育服务乃至知识组织和知识管理的质量也不可能获得实质意义上的提升。

二、读者研究的内容

（一）读者结构的分析

读者结构，是指图书馆读者队伍中不同类型、不同成分、不同范围、不同数量的读者群依据其特征及相互关系所构成的有机组织系统。依据不同的划分标准，可对读者做不同的类群划分。一般来说，可从年龄、文化程度、职业和职称等方面对读者进行类群区分，也就是说，读者结构分析可以根据其年龄结构、文化结构、职业结构和职称结构等进行分析。分析的目的是掌握各类型读者的数量，找到各类型读者之间的关系，以及不同类型读者与馆藏资源利用情况的逻辑关系。

（二）读者利用图书馆的心理研究

在学校图书馆中，由于学生读者的文化水平和生活阅历有限，其具有独特的心理规律。由于学生群体数量庞大，某些心理现象在学校图书馆读者当中就更加明显和集中。学校图书馆开展对读者心理活动过程、心理现象、阅读心理类型、阅读动机等方面的分析研究，提高图书馆员对读者心理行为现象的重视程度，从而采取具有针对性的服务措施，将会进一步提高图书馆的服务质量。

（三）读者需求的研究

了解影响读者需求的因素，有助于我们在引导读者阅读时采取更为恰当的方法。

1. 社会大环境直接影响读者的借阅需求

作为读者，首先他是社会中的一分子，同社会存在各种各样复杂的关系，这些关系必然直接影响到他们的借阅需求。

2. 馆藏资源的局限性影响读者借阅需求

首先，馆藏资源建设工作受社会整体发展的影响，不同时期馆藏资源的形式也有所不同（如纸质资源与数字资源），这会对读者的阅读行为产生相应的影响。而且，即使是在同一时期，不同地区之间由于经济发达程度不同，当地学校图书馆的规模也不相同。其次，图书馆自身发展对读者的借阅需求也有着一定的影响。

3. 读者个体差异对阅读需求的影响

不同读者之间的个体差异对读者借阅需求的影响是相当显著的。这其中包括读者观念、文化程度、职业及利用图书馆的能力等诸多方面。

三、读者研究工作中的问题

中小学图书馆在实践工作中往往只重视馆藏资源建设，而忽视了读者工作，特别是对读者的研究工作。其具体原因有以下几个方面：

（1）把读者要素排斥于图书馆主体工作之外，把读者开发利用馆藏资源排斥于图书馆活动之外，把他们仅仅当成图书馆的活动对象，忽视了他们的主体地位和主观能动作用。

（2）馆藏资源的管理重"收藏"、轻"使用"。图书馆对于文献信息的所有权意识浓厚，而对读者的使用权观念淡薄，封闭保守的观念和占有意识阻碍了馆藏资源共建共享的实现。

（3）用图书馆空间把读者与馆员隔离开来，将馆员视为图书馆的主人，把读者当作外人或客人，导致馆藏资源管理权与使用权的对立冲突绝对化，束缚了管理者、使用者双方的协同互动。

（4）在馆藏资源与读者的关系问题上，重资源、轻读者；片面强调科学管理，轻视主动服务；重视知识管理，轻视读者服务。这些行为导致图书馆人文情怀的严重缺失，使图书馆逐渐失去了公共服务的精神。

第二节　读者研究的方法

　　研究读者也和研究其他事物一样，首先要从调查入手。通过调查全面了解读者的各种情况后，再分析研究，可以比较准确地掌握读者阅读特点及其需求，得出对读者工作有指导意义的结论，并将其作为开展读者工作的依据。读者研究的方法多种多样，没有固定模式，要因时、因地、因人采取相应的方法。一般来说，开展读者研究可采用以下几种方法。

一、调查问卷法

　　调查问卷法就是通过问卷调查的方式获取有关信息，了解被调查读者的心理活动、阅读规律等情况。问卷调查是否成功主要取决于问卷的设计是否科学合理。

（一）调查问卷的组成

　　调查问卷一般由两部分组成。

　　1. 被调查者的基本情况

　　包括读者姓名、年龄、职业、学历、联系方式等内容。对于学生可以细化到年级，以调查不同年级学生的阅读情况。

　　2. 具体调查项目

　　这是调查问卷的主体，包括需要被调查者回答填写的一系列问题。

　　此外，调查问卷还应该设置编号，以便于对调查结果进行分类或计算机处理。利用网络技术设置问卷调查表，可定期对读者推送调查问卷进行不同主题的调查；必要时还可以在调查项目前，简明扼要地说明调查的目的和要求，这样既可以使被调查者打消顾虑，又能够让他们认识到调查的意义。条件允许的情况下，还可以对提交问卷的读者给予一定的物质奖励，以调动他们参与的积极性。

（二）问题的设计

提问方式关系到调查问卷的质量，是设计好问题的关键。通常有以下三种提问方式：

1. 是非判断题

问题的答案只有两个，互相排斥。如"是"与"否"，"有"或"无"，由被调查者选择其一。

2. 选择题

一个问题预先列出多个答案，由被调查者根据自己的实际情况，从中选择一项或多项。使用这类提问应注意将拟定答案编上号，以便将来分类、整理。

以上这两种题型都要求被调查者从预先已设计好的答案中选择，是所谓的"封闭式"提问。封闭式提问内容明确，形式规范，便于回答，便于对问卷进行定量分析和标准化处理。但它也有局限性，所拟答案往往不能涵盖被调查者的各种情况，而被调查者只能在所提供的选项中选择，不能对问题做充分说明，所以很难对问题做更详尽、更深入的了解。

3. 开放式问题

问题提出后，被调查者可以根据问题自由回答，不受选项限制。这种提问方式可以避免封闭式提问的局限性，有利于被调查者根据个人的实际情况和认识充分发表意见，可收集到较深入、全面的信息。但是，由于被调查者文化水平和认识的差异，答案内容水平不一，表达不规范，不便于归纳、整理。

二、观察法

观察法是指针对读者在馆内的借阅活动通过有目的、有计划的直接观察，掌握读者的行为表现。如通过语言、动作、表情去了解读者利用馆藏资源的心理。馆员要善于通过读者的言行和表情去发现他们的心理状态。有的读者表情从容，神态平和；有的心情紧张，焦虑不安；有的举棋不定，犹豫不决。对于不同状态的读者，馆员要通过周到的服务来保持或放松读者的心情，以高超的服务水平，及时掌握读者的需求，提供他们所需要的服务，帮助他们解决问题。这种方法由于比较直观，被观察对象的外部表现是在不受任何干扰的情况下自然流露的，因此获得的观察结果比较真实，符合实际情况。

观察法分为计划观察和随机观察两种。计划观察是达到预期目的和效果的主要方法，是指先选择好读者对象，确定观察的范围和内容，明确目的和要求，安排好具体时间、步骤，有选择性地观察读者。随机观察，就是在日常工作中，随时随地地留心读者的行为和表现。图书馆员在接待读者的过程中，对于他们提出的需求，应当做到有问必答，为他们的咨询提供详细的解答。如果暂时不能解答，可以留下他们的联系方式，便于搞清情况后进行沟通。这对丰富馆员的感性认识，提高其读者导读能力也很有帮助。

三、分析法

图书馆内的各种记录和统计资料是对读者进行调查研究的重要依据。目前图书馆自动化管理系统设置了完善的统计功能，可以提供读者记录管理、读者阅读情况统计、文献借阅情况统计和借阅排行榜等信息。图书馆应建立健全各种统计制度，使其规范化、标准化，利用工作日志记载与读者接触交流过程中所遇到的各种问题、读者的借阅需求、读者对图书馆工作的意见等，定期分析、整理与反馈。

四、座谈法

座谈法就是通过有计划地与读者直接交流获取信息的方法。座谈根据被访问者的人数可以分为个别座谈和集体座谈两种。成功地获得所需信息，馆员和读者间的相互沟通是非常重要的。要使读者自愿、主动地讲出真实情况，就需要创造一个融洽的沟通氛围。

座谈法的优点是馆员和读者直接接触，双向沟通，便于控制环境，利于对问题开展深入探讨。在面对面的交流中，读者的一些自发性的回答不但比简单填写问卷内容要丰富、生动，而且有时具有启发性，可以使调查得到意外的收获。

开展读者研究工作，正确掌握读者需求的特点，我们才能更好地贯彻有的放矢、区别服务、保证重点、照顾一般等工作原则，才能掌握工作的主动权，更有效地做好读者服务工作；只有研究读者，深化读者服务体系，坚持全方位、多角度全面提升图书馆的管理和服务水平，使图书馆成为中小学的文献信息中心，才能最大限度地发挥其作用，使其为读者自身成长服务，为学校的发展服务。

第三章
读者统计

导　语

　　为了掌握读者对图书馆的实际利用情况、对图书馆的满意度及对图书馆的需求和建议，为图书馆今后的读者工作打下良好的基础，提供科学准确的读者统计信息是读者工作中一项不可或缺的工作。对读者进行调查和统计，客观地收集读者信息，能对图书馆服务工作的提升起到关键的推动作用。

第一节　读者统计的目的和意义

一、读者统计的目的

读者统计是对图书馆读者工作实行量化管理的主要途径和手段。在开展图书馆读者研究工作时，没有统计数据是不能说明问题的。在进行读者统计工作时，不仅要对读者做量上的统计，还应对读者的借阅行为进行质的分析，这样才能真正了解读者各种借阅行为及其质与量的内在关系。

读者统计是认识读者利用图书馆行为发生、发展的重要依据。它的基本工作内容是对读者工作进行调查、统计和分析，根据统计资料制定数量指标，实行统计监督，研究读者工作方法，对图书馆各项工作进行评价。图书馆读者统计有其特定的目的，它是为了把图书馆的读者与图书馆资源结合起来，为读者提供所需要的资源。

二、读者统计的意义

（一）为制定工作计划和改进工作提供依据

读者统计不仅可以使图书馆掌握全校读者总的人数，同时还可以了解它的构成及到馆数量方面发展变化的程度与规律。学校图书馆要想做好各项服务工作，最重要的一条，就是要明确自己服务的对象。如果对自己服务的对象不明确，就不可能掌握各项服务工作中的规律，不可能有针对性地做好各项服务工作。要想做好图书馆的读者服务工作，使广大读者能够充分利用图书馆内的各类资源，就应该对自己的服务对象进行统计和分析，掌握他们的需求和规律。因此，这就要求图书馆工作人员不仅要掌握本校读者的总人数，而且要研究他们的构成情况。

研究读者构成情况包含两个方面，一是研究一定时期内读者总的人数和各类型读者人数，二是研究一定时期内这些读者到馆总人次及各类型读者到馆借阅变化情况。通过静态和动态两方面的研究，才能不断发现规律、找出问题，然后针对不同的问题，提出解决办法。

在研究读者构成时，要将他们划分为一定的类型，这些类型的划分必须从实际出发，切实可行。对于学校图书馆来说，一般可按照职业、入学年份进行划分。

如果按职业划分，应该设立教师、学生等项目。教师还可以按其学科进行细分。对于完全中学，学生还可细分为初中、高中。按职业划分的项目，其主要作用是便于图书馆掌握不同读者到馆人次变化情况和规律，了解他们的需求，配备馆藏文献，根据不同读者的借阅习惯开设不同的借阅场所，开展更有针对性的服务。另外，这方面的数据也为统计读者到馆情况、文献利用情况提供了依据。

图书馆可根据实际情况决定是否按读者年龄、性别、民族、文化程度等对读者进行划分。

（二）为图书馆领导科学决策提供依据

读者工作要实现科学管理，必须以数据和大量的日常读者统计工作为基础。因此，应制订图书馆发展读者、接待读者计划和日常工作检查计划，并通过它们提供充分可靠的统计数据，做到心中有数，使读者工作逐步走向科学管理，为科学地进行图书馆管理工作创造条件。

（三）为提高读者借阅率提供依据

对读者阅读倾向的分析，可以了解读者对哪些书、哪些问题感兴趣，从而为开展读者导读工作提供依据；也可以了解读者关心什么、不关心什么，从而为日常开展图书推荐工作提供线索。

总之，中小学图书馆的读者统计作用是很大的，也是多方面的，在图书馆统计中占有相当重要的位置。通过它提供的资料不仅可以掌握读者总人数、读者构成情况及变化规律，而且同馆藏统计、借阅统计等有关指标数值结合起来，可以研究和分析许多问题，掌握许多规律，使馆员及图书馆的领导者在工作中做到心中有数，有的放矢地开展各项服务工作。中小学图书馆的读者统计工作具有非常重大的意义，只要能够重视它，认真开展这项工作，就一定能发挥读者统计的作用，取得良好的效果。

第二节 读者统计的内容

一、读者到馆情况的统计分析

主要统计读者的情况，如某一时间段内总入馆人数、各阅览室入馆读者类型分布等，可以按职业、年龄、文化程度等来区分各类型读者。这类统计对图书馆和阅览室的空间布局、阅览座席的设置、阅览文献的调整排架都有实际意义。这项统计由读者入馆登记来完成。

读者到馆率是指读者到馆的总人次占读者实际总人数的百分比，通常按自然年或学年计算。计算公式为：

$$读者到馆率 = \frac{年度到馆读者总人次}{读者实际总人数} \times 100\%$$

一般来说，提高读者到馆率能促使其他数据相应提高。如学校图书馆、阅览室有多个空间，可以按以上方法分别统计读者到馆情况。

二、读者借阅情况的统计分析

主要是针对外借图书进行统计，既可进行综合统计，也可以按照学科进行各类图书的分类统计。另外，还可以按照读者的职业、年龄、文化程度设置统计项。这种统计对于了解馆藏实际利用情况、读者阅读倾向、读者阅读需求，以及补充馆藏图书都有实际作用。

（一）文献利用率

文献利用率指一段时间内（通常按自然年、学年或学期）馆藏中被读者借阅的文献总量占馆藏文献总量的百分比。计算公式为：

$$文献利用率 = \frac{读者借阅文献总量}{馆藏文献总量} \times 100\%$$

文献利用率是衡量图书馆工作情况的主要依据，从中不但可以看出读者服务工作质量的高低，也能看出馆藏文献质量的高低。不注重文献利用率往往会助长单纯追求馆藏数量，不重视馆藏质量和服务质量的工作倾向。

文献利用率低主要有以下原因：馆藏质量低，内容不能满足读者的需求；目录检索系统不完备，不能全方位体现馆藏资源，读者不易全面了解馆藏情况；馆藏复本率高；未能定期开展剔旧工作；对读者借阅文献限制过多；等等。提高文献利用率，有助于提高图书馆各个工作环节的质量。在读者服务方面，应针对上述原因采取措施，提高文献流通率。

（二）文献流通率

文献流通率指一段时间内，某书库或某阅览室读者借阅文献总量占该书库或阅览室收藏文献总量的百分比。计算公式为：

$$文献流通率 = \frac{某书库或某阅览室一定时间内读者借阅文献总量}{某书库或阅览室收藏文献总量} \times 100\%$$

文献流通率反映图书馆馆藏文献的利用情况和读者的阅读需求程度，是衡量馆藏文献质量和流通工作的重要依据，也是开展读者研究的重要素材。提高文献流通率的重要途径是采取积极主动的读者服务方式，增加文献流通量，这涉及馆内各项工作，包括文献采集、文献宣传、流通方式和阅读指导等多个方面，还要不断调整馆藏文献结构、提高馆藏质量、加强剔旧工作等。

（三）读者借阅率

读者借阅率指平均每个读者所借的文献资料的数量，通常按自然年或学年计算。计算公式为：

$$读者借阅率 = \frac{全年借阅文献总量}{读者实际借阅人数} \times 100\%$$

（四）文献保障率

文献保障率是指馆藏文献的总量对读者保障的程度，即人均拥有的藏书量。可按全校读者总人数计算。计算公式为：

$$文献保障率 = \frac{馆藏文献总量}{全校读者总人数} \times 100\%$$

对于学校来说，文献保障率可以反映文献资源对学校图书馆的重要程度及经费支持力度。对于图书馆来说，文献保障率可以反映文献资源规模和满足读者阅读需求的能力。由于我国各地经济发展的不均衡以及各类学校间的差异，在计算文献保障率时应考虑：对不同地区、不同类型、不同性质的学校图书馆设置不同的标准和不同的要求；必须以馆藏质量为基础，不应计入不适合读者阅读需求的无价值文献。

（五）馆藏数字资源访问量及下载量

指某一时间段内，读者对馆藏所有数字资源的人均访问量及人均下载量。其公式分别为：

$$馆藏数字资源访问量 = \frac{某一时间段内数字资源访问量}{访问读者人数} \times 100\%$$

$$馆藏数字资源下载量 = \frac{某一时间段内数字资源下载量}{下载读者人数} \times 100\%$$

馆藏数字资源包括学校自建、外购、合作试用的电子图书、电子期刊、音频、视频等各类可供读者使用的数字资源。其访问量是指通过图书馆主页或数据库网页平台访问、浏览、阅读电子图书、电子期刊，以及收听或观看音视频资源的次数。其下载量是指通过图书馆主页或数据库网页平台下载各类数字资源的次数。

三、读者拒借情况的统计分析

拒借是指在借阅馆藏文献时，读者提出要求而图书馆未能把所需文献借给读者的情况。

文献拒借率指一段时间内（某年或某几年）读者在图书馆未借到的文献量占读者所要借的文献量的百分比。计算公式为：

$$文献拒借率 = \frac{未借到的文献总量}{读者所要借的文献总量} \times 100\%$$

拒借率指标对图书馆工作质量水平的检测和反馈作用是任何其他统计所取代不了的，因而其作为图书馆的基本统计项目，可以进一步促进图书馆科学管理水平的提高。文献拒借率既是检验图书馆文献采访、编目工作和文献管理的重要依据，同时也是开展读者研究工作的重要素材。降低拒借率的主要途径在于增加重要文献的复本量，加快文献的周转速度，加强内部管理。有条件的图书馆还可以开展馆际互借来满足读者的借阅需求。

第三节　读者统计的途径

一、传统登记

图书馆利用签到本记录读者到馆基本情况，是过去比较常用的读者统计方法。签到本一般设有日期、姓名、读者类型等项目。日常的借还书工作也使用手工卡片登记的形式进行统计，在每本书后都有卡片，借还书时需要手工书写借出日期、还书日期、读者姓名、借书证号等内容。在过去较长的时间里，手工登记在读者统计方面发挥了特定的作用。这种传统的统计方法也能对读者数量、分布、类型等方面进行比较准确的统计分析，但这种方式统计起来烦琐复杂、工作量较大，加上手工书写字迹潦草或填写不规范，有的读者甚至乱签、漏签，给原始数据的采集带来很大麻烦，给统计分析工作带来一定的不便。现在很多中小学图书馆里已基本不使用这种传统的登记方法，或者仅将其作为一种辅助手段来采用。新的统计方法和途径已随着时代的发展而丰富起来。

二、图书馆自动化管理系统中的统计功能

图书馆自动化管理系统是现代图书馆管理的重要组成部分，一般具有采访、编目、流通、读者管理、系统管理、统计、查询等功能模块。流通环节是图书馆读者工作的主体，也是将馆藏资源直接服务于读者的环节。图书馆服务质量、文献资源建设情况、读者借阅情况等数据都源于这个环节。在这个环节的管理中，统计数据的运用起着十分重要的作用。

读者借书或还书须刷卡或采用其他生物识别技术进行身份认证（如指纹识别或人脸识别等），进入图书馆或阅览室也需要进行身份认证，这样便于对文献流通率、读者借阅率、读者分布等情况进行统计。例如要对图书馆某时段内

的读者借阅情况进行统计，进入系统后，我们选择流通管理→流通统计→读者借阅统计，设定日期范围、借阅地点，在工具栏里点击"统计"就可以了。统计结果可打印成纸质版本，也可生成文件保存在电脑中。如果不满意，还可以重新设置条件、格式，重新统计。同时，还可以在流通统计里得到图书借阅排行榜、读者借阅排行榜等重要信息。

三、门禁系统统计

门禁系统利用先进技术对读者进行管理，可以配合刷卡系统的设置将门禁系统的应用与图书馆信息管理系统结合起来，提供了一种严格高效、安全方便的管理方式，既可以保护馆藏资源的安全，同时也为图书馆读者统计提供了便利。

利用门禁系统进行入馆读者数量统计更加科学准确，数据更为全面。将入馆登记与门禁刷卡相结合，可减少因错刷、漏刷入馆登记导致的入馆人数不准确情况的发生。

四、人流量统计系统

随着技术的进步，人流量统计系统采购成本越来越低，安装方式更加方便快捷，数据统计与呈现方式也更加准确科学。新型人流量统计系统可以做到无须预留强弱电接口，直接安装使用，统计数据通过无线或蓝牙进行传递，降低了对安装环境的要求。通过电脑或移动终端 App 可以实时查看统计数据。系统会将收集的人流量信息自动生成分析报表，全方位地反映馆内读者到馆趋势，为科学规范化管理提供数据参考，以便于图书馆员及时调整服务方式，提升读者的阅读体验。

五、图书馆数字资源日志统计

很多中小学图书馆都拥有数字资源，读者可以通过网站或微信公众号等形式获得丰富的数字资源。为了揭示网络环境下读者对这些数字资源的浏览、阅读、下载情况以及访问的变化趋势，准确了解读者需求分布和需求增长等情况，对网络读者的信息资源检索行为进行研究分析变得尤为重要。

目前主流的数字资源厂商后台都可以提供读者的使用情况数据，微信公众号也有比较完备的数据统计平台。将这些数据进行整合分析就可以得出比较科学的统计结果。

读者统计是图书馆不可或缺的工作，应予以高度重视。只有通过统计分析，才能帮助馆员将读者工作落到实处；只有了解读者的阅读需求，确定图书馆的发展方向，才能够有计划、有目标、有规律地为图书馆的管理服务，提高读者对图书馆资源的利用率和服务的满意度。

第四章

读者类型与特点

导　语

图书馆读者工作应一切以读者为中心。深入了解读者，研究读者的阅读特点与行为习惯，对于学校图书馆工作的开展具有重要的意义。

第一节　读者类型

读者类型是图书馆读者结构中的基本组成部分。图书馆内有多种多样的读者群体，形成了不同类型的读者。为了更加深入地研究读者，掌握读者阅读需求规律，更好地满足各类型读者的需求，需要将不同的读者按照某种标准进行区分和组织。

一、读者类型划分的依据

在对读者类型进行划分时，我们应该遵循下面几项原则：

首先，要选择与读者生理及心理的变化最为密切的因素作为划分的依据。如图书馆在划分学生读者类型时，应按照读者的年龄来区分，因为不同年龄的学生在阅读兴趣和阅读范围上有着很大的差别，表现出来的阅读心理也是不一样的。

其次，划分读者类型的标准不宜过于繁杂。学校读者是处在特定社会环境内的人，如果采用过于详细的标准来区分，就会给统计分析工作带来不必要的麻烦。因此，在确定划分依据时，应力求重点突出，具有代表性。

最后，划分读者的依据要利于判断，否则将影响读者分析的准确性，并减弱区分读者类型的作用。

一般来说，对读者类型划分的主要依据是将读者的职业、年龄与知识水平结合起来。具体到中小学图书馆，可以根据职业特点把读者划分为教师读者、学生读者、其他读者，再根据不同读者的年龄进行具体划分。例如可将教师读者细分为青年教师、中年教师、老年教师，根据知识水平可以将学生读者细分为小学低年级读者、小学高年级读者、初中读者、高中读者。

划分读者类型，不仅要根据读者的各种结构特征，还要根据读者在图书馆内的活动方式。读者在图书馆的活动方式主要是指读者在图书馆的借阅权限和阅读组织形式，这也是对读者进行分类的主要依据之一。按照在图书馆的借阅权限，读者可以划分为正式读者和临时读者。正式读者具有经常性、固定地使用图书馆资源的特点。临时读者是指在图书馆没有办理图书证或建立借阅关系，使用图书馆的主要形式是在馆内阅览或者通过网络检索使用图书馆内公开免费的数字资源的读者。正式读者和临时读者对图书馆资源享有不同的使用权限，其中在中小学图书馆最主要的区别是能否将馆内图书外借。在中小学图书馆，按照在图书馆的组织形式，读者可以分为个人读者和集体读者。个人读者是图书馆的主要读者群体，包括不同成分的个人读者类型。集体读者一般是以班级、读书会、研究性学习小组等形式为单位利用图书馆资源的读者类型。集体读者在使用图书馆时具有共同的阅读时间、阅读需求和阅读方式等特点。

在进行读者类型的划分时，一般先按读者的身份进行区分，然后按照读者的活动方式等特征进行深入的区分。

二、划分不同类型的读者

（一）根据读者身份划分

1. 教师读者

教师是中小学图书馆的重点服务对象。教师是人类灵魂的工程师，肩负着教书育人的重要职责。他们要教授学生科学知识，更是学生在提升思想水平、道德品质方面的引路人。这使得他们要不断学习、不断充实和更新知识，以适应教育改革的进程。教师在收集丰富的教学资源的基础上，也要充分利用图书馆丰富的馆藏资源，这使他们成为图书馆的主要使用者。中小学教师主要从事基础教育工作，肩负着向更高一级学府输送人才的重任。日常工作中，他们通常担负着极为繁重的教育教学任务，同时还要完成各级教育部门的教科研任务。他们在利用图书馆的方式上表现为借阅相关教学参考资料、基础理论读物和提升思想文化修养方面的文献资源，同时阶段性地开展教科研工作，检索查询相关学术期刊与论文。这对中小学图书馆员提供参考咨询服务方面提出了更高的要求。不同年级的教师读者在文献需求的内容与范围、文献利用的深度与广度上各不相同。图书馆应深入调查并了解教师读者的阅读需求与特点，积极主动、富有针对性地满足教师读者的需求，提供不同层次的文献信息服务。

除了一线教师外，教师读者还包括学校行政管理、专业技术、教辅后勤岗位的工作人员。其中行政管理岗位的工作人员需要关注学校今后的发展，科学地制定学校长远规划和远景目标。他们对图书馆所提供的文献资源要求很高，希望得到宏观的动态性、开拓性、指导性的信息，掌握最新的教学动态和教育信息。他们的阅读需要是动态性的，阅读特点又是研究型、学习型的，即不断研究新的教学教育课题，学习新知识，不断为自身充电。专业技术、教辅后勤岗位的工作人员主要是做好学校教学、科研的管理工作，如制订教学计划、合理安排课程、保养维修教学设备和协调学校各部门的工作等。他们对图书馆的阅读需求主要为行政管理、教学管理、学校管理、各类专业技术方面的资源，以提高自身管理水平、专业技能。他们阅读的特点是学习性、应用性，即主要解决工作中遇到的实际问题，带有一定的随机性。

2. 学生读者

学生读者在中小学图书馆的读者中人数最多，是图书馆读者工作的主要服务对象。由于他们处于特殊的生理、心理发展阶段，极易受外界影响，日常行为上具有相当大的可塑性，因此中小学图书馆员要利用各种机会激发他们的阅读兴趣，引导他们形成良好的阅读习惯，掌握正确的阅读方法，从而不断提高阅读能力，提升阅读品味。在图书馆的日常工作中要利用馆内的空间环境与规章制度，逐渐规范他们的日常行为，使他们懂得并乐于分享知识，在自由平等的基础上形成守信精神，丰富健康的人格。学生在图书馆的阅读活动中普遍表现出以下特点：爱读书又爱运动，求知欲强而自控学习时间短，阅读内容广泛而又通俗浅显，有初步理解能力而以形象思维为主。随着年龄的增长与知识的积累，阅读的自主性、对图书的主观选择能力和理解能力会逐渐增强。随着社会科学技术的发展，学生读者对于多媒体资源的使用率大大提高，阅读的碎片化趋势增强，对整本书的阅读能力有所下降。

中小学图书馆应根据他们的特点提供思想性、趣味性、知识性、艺术性、通俗性较强的文献资源，并配合学校教育教学，根据实际情况开展丰富多彩的阅读活动；指导学生掌握检索与利用文献信息的知识与技能，培养学生的阅读兴趣和阅读习惯；积极贯彻党的教育方针，培育和践行社会主义核心价值观，弘扬中华优秀传统文化，促进学生德智体美劳的全面发展。

3. 家长读者

在学校图书馆的读者中，家长一直以来都是易被忽视的群体。家长读者通常隐藏在学生的背后，指导学生的阅读，并通过学生到馆来外借图书。家长对图书馆的图书的外借主要分为个人阅读和亲子阅读两个方面。个人阅读主要指家长产生个人的阅读需求后，让学生到学校图书馆内外借图书回家，供其阅读。亲子阅读则是通过图书这个媒介，让学生和家长共同分享、共同阅读。亲子阅读在学生课外阅读中起着重要的作用，是让学生爱上阅读的最好方式。当家长和学生共读一本书时，学生会觉得读书是一件非常快乐的事情，进而更愿意自发地阅读。另外学校还可以利用家长的资源，开设各类座谈会，丰富图书馆的活动。

以上这些形式都对开展全民阅读，营造书香校园、书香家庭起着重要的作用，同时也是教育部《中小学图书馆（室）规程》中对于学校图书馆向家长、社区开放的形式的一种探索。

（二）根据读者使用图书馆的方式划分

1. 个人读者

个人读者是指以个人为单位，独立使用图书馆资源的读者，也是图书馆的主要读者类型。

2. 集体读者

集体读者是指以一定的组织形式（如班级、读书会、研究性学习小组）利用图书馆的馆舍空间以及文献信息资源的读者。集体读者与个人读者最显著的区别在于是否具有共同的阅读需求与阅读形式。他们一般会在同一个时间以集体的形式进入图书馆，为进行阅读课、读书分享、某一课题研究在特定时期内阅读、外借一定范围的文献。在利用图书馆方面带有极强的空间集中性、内容统一性，易使图书馆出现短期内人员突然增加以及某类图书借阅的爆炸式增长现象。图书馆员在日常管理工作中应及时和集体读者进行前期沟通交流，以便于在之后的图书馆服务工作中更有针对性。

（三）根据读者与图书馆是否建立长期固定借阅关系划分

1. 正式读者

正式读者是指在图书馆系统内登记注册，并使用图书馆核发的借阅证件或身份识别方式长期固定使用图书馆的读者。

2. 临时读者

临时读者是指因某些特殊原因偶尔到图书馆的非本校读者。凡无本校证件而临时利用图书馆资源的读者，均属于临时读者。临时读者包括个人读者、集体读者等多种类型。例如学校利用图书馆馆舍举办讲座、家长会等各种交流活动期间，进入馆内参加阅读活动的非本校师生即属于临时读者。同时随着技术设备的进步，访问图书馆免费多媒体资源的匿名访客和关注图书馆自媒体并接收消息推送的用户也应被视为临时读者。

读者不同类型的划分并不是一成不变的。随着时间、空间的变化以及读者使用需求的不同，各类型之间可以相互转换。

第二节　学生读者的阅读特点

学生读者是学校图书馆读者服务工作中的主要对象。按照其生理年龄与心理特点，可以分为小学、初中、高中三个阶段。分析研究学生读者的阅读特点，才能因势利导，并通过多种服务途径和手段，高质量地、有实效地为之服务。

一、小学阶段

由于小学阶段各年级学生的生理发育与知识水平差异较大，依据《儿童青少年分级阅读内容选择标准》又可细分为三个学段。

（一）第一学段（1—2年级）

低年级的学生识字不多，对于内容过于专深的读物兴趣不大。他们对于绘本、连环画、儿童科普读物有较浓厚的兴趣。选择推荐图书应注意：

（1）选择内容丰富、形象具体、文字少、故事趣味性强的童话图画书（一年级加注拼音），图画书与文字书所占比例不少于1/2。逐步增加文字的阅读量，让儿童青少年在有趣的图像和文字的结合中感受阅读的乐趣。

（2）选择具有更多现实性、体验性、思考性的童话故事、寓言故事、童谣等，使儿童青少年的情趣更加浓厚，吸引其独立阅读完一本书。

（3）选择带有具体感知的动植物知识的启蒙读物，激励儿童青少年产生更多的科学兴趣。①

---

① 选自《儿童青少年分级阅读内容选择标准》，《人民教育》2009年Z2期。

（二）第二学段（3—4年级）

随着年龄的增长和知识的增加，他们除了对绘本、连环画这类形式的读物感兴趣外，其他类型的读物也逐渐成为他们阅读的对象。选择推荐图书应注意：

（1）选择浅显的具有哲理性的故事，帮助儿童青少年区别现实与幻想的差异，分辨美丑是非善恶，初步认识人类社会。

（2）增加散文、诗歌、科幻等多种体裁的读物，提供轻松幽默且品位高的作品，满足儿童青少年日益增长的求知欲和阅读的需求。

（3）增加科普知识，扩大儿童青少年的视野。

（4）选择具有爱国主义和集体主义精神、具有传统文化精髓的故事，激发儿童青少年的爱国主义情怀。[①]

（三）第三学段（5—6年级）

这一阶段是从小学到初中的过渡期。儿童时期的阅读特点还未完全消失，在阅读上对儿童读物仍有涉及，同时也具备了一定的阅读能力和理解能力，对于中外文学名著、科普读物、历史传记都产生了兴趣。选择推荐图书应注意：

（1）选择具有奇幻色彩、侦探冒险精神、节奏感强和趣味性浓的读物，保护儿童青少年珍贵的想象力和自主探索的愿望。

（2）选择古今中外名家名篇的读物，以感染和激励儿童青少年，提高他们的理解、欣赏和评价的水平。

（3）选择更多的科普类读物，为儿童青少年的科学探索精神提供汲取的养分。

（4）选择有利于引导儿童青少年认识世界与人生的励志读物，使其树立远大理想，培养儿童青少年良好的个性品质。[②]

对小学阶段图书的选择要适应读者的阅读能力，发挥他们形象思维的能力。充分引导学生利用图书馆藏书，充实他们的学习内容，在巩固课堂知识的基础上扩大知识面，形成良好的个人品格。通过课外阅读激发学生的阅读兴

---

① 选自《儿童青少年分级阅读内容选择标准》，《人民教育》2009年Z2期。

② 选自《儿童青少年分级阅读内容选择标准》，《人民教育》2009年Z2期。

趣，利用图书馆的阅读环境培养学生养成良好的阅读习惯。

二、初中阶段

初中阶段是学生由儿童到青少年过渡的重要阶段。他们思维活跃，但有时又很幼稚，仍然带有儿童模仿、盲从的特点。通过小学阶段的学习，他们已经积累了一定的知识。好奇心和求知欲驱使他们要涉猎更多的图书。在这一个阶段，他们的阅读兴趣更为广泛，希望通过阅读来开阔视野，增长知识。选择图书应注意：

（1）选择有一定深度的、侧重逻辑思考能力的读物，发展儿童青少年思维能力，使其初步掌握科学的思想方法。

（2）选择体现科学精神和科学方法的读物，提高儿童青少年的科学创新精神和能力。

（3）扩大阅读范围，丰富儿童青少年精神文化生活，使其逐步形成相对稳定的阅读动机并养成阅读个性。

（4）选择富有哲理的历史故事、人物传记、长篇小说、优美散文等体裁的读物，帮助儿童青少年逐步形成积极的人生态度和正确的世界观、人生观、价值观。①

这个阶段的学生阅读倾向性强，同时极易受周遭环境的影响；阅读兴趣广泛，却缺乏计划性和目的性。所以需要适当引导学生在一段时间内，围绕某一学科、某一主题展开阅读，培养他们的整本书阅读能力与独立自主的思辨能力。

三、高中阶段

高中阶段的学生与初中阶段有着明显的区别。他们能结合本人的学习、兴趣、特长，有计划、有目的地开展阅读，到馆借阅图书时有着较强的目的性，故应在入馆培训时教会他们利用检索系统迅速准确地找到所需图书。高中学生常以学习为中心开展课外阅读，他们依据个人的兴趣选择读物，阅读的针对性更强，同时主观意愿强烈，不会轻易受到他人的影响。在自然科学类图书方面

---

① 选自《儿童青少年分级阅读内容选择标准》，《人民教育》2009 年 Z2 期。

喜欢科学技术类书籍，在文学类图书方面更注重阅读中长篇作品。对于学科阅读，学有余力的同学有较强开展大学先修内容的学习能力。图书馆员要针对高中生的特点，尽最大的努力向他们提供与各学科有直接或间接联系的读物，为他们提供更多的帮助。

做好学生读者的服务工作，要切合实际地对他们展开调查研究，了解他们在不同年龄、不同阶段的阅读特点，有针对性地引导他们的阅读，培养他们的自主学习能力。

开展针对读者的调查研究是一项经常性工作。随着社会的发展和技术的进步，读者的阅读需求也在不断发生着变化。因此要不断地了解读者，掌握新知识，学习新技能，通过各种途径满足他们的阅读需求，让阅读成为贯穿其一生的行为，让图书成为他们的良师益友。

第三节 教师读者的阅读特点

教师是学校图书馆服务的重要对象。他们在学校教育教学活动中起主导作用，以教书育人和培育德智体美劳全面发展的人为目标。教师读者比例虽然并不是很大，但他们对文献信息内容在广度和深度上的阅读需求远远超过了学生读者。所以图书馆更应该从读者需要出发，为教师提供切合他们实际需要的文献资源。

一、按入职年限与工作经验划分

（一）新入职教师

新入职教师一般指工作 5 年以内的青年教师。他们由于参加工作的时间不长，教学经验较少，个人收集的文献信息数量相对有限。但他们精力充沛，渴望获得更多的知识，使其专业知识系统化，教学和科研水平提高。同时他们信息意识较强，能够更好地使用各种数据库来获取所需的资源，他们是学校图书馆最积极、最活跃的教师读者群体。

（二）中年教师

中年教师大多在教育岗位上工作了 5—20 年。他们中的大部分已经成为学校教育、教学的中坚力量，承担着比较繁重的教科研工作。他们积累了比较系统的专业领域的文献信息，对于使用图书馆有了一定的经验，对图书馆的藏书和其他资源也比较熟悉。他们利用图书馆时主要具有研究、应用、学习等特点，在阅读需求上表现为经常性地查找一些专深、系统和新颖的文献资源。

（三）老年教师

老年教师一般在教育岗位上工作了 20 年以上，有着丰富的工作经验。他们积累了大量的有关本学科的文献信息资源，在日常工作中还经常肩负着培训青年教师的重任。他们的借阅目的性明确，借阅某种图书的时间也相对较长。他们主要利用图书馆查找学术水平高、内容新，具有研究性和创新性的资源。

二、按担任的教学学科和课程的设置划分

（一）文科教师

文科教师在阅读需求上更倾向于社会科学类图书，如文学艺术、政治经济、历史地理等类图书。他们为了备课、教研和写作，会经常性地利用图书馆的资源。

（二）理科教师

理科教师教学任务比较重，业余时间较少，一般到馆阅读的也是与本人所教课程相关性高的书籍，阅读的深度与专一度相对更高。

（三）其他学科教师

其他学科教师与文理科教师相比没有过高的升学考试压力。因此他们除了对自己本专业用书有较高的阅读需求外，还有一定时间来阅读文学艺术类作品等其他图书，用来充实丰富自己的教学内容。

另外，有很多教师除了日常教学工作外，还承担着班主任、年级组长的工作。他们在对学生进行思想教育、心理辅导中也经常需要政治理论、教育理论、心理学理论等方面的资源。

三、随着各学期工作的推进，教师的阅读需求发生变化

（一）开学前

随着教育改革的深入以及学校为教师们布置的教学计划的变动，新学期教

师的课程安排、教学内容都会有所变化。在这个阶段，教师借阅的图书主要围绕学科的教学参考书及相关资料，而且要求数量多、范围广、时间紧。

（二）开学后

进入正常的教学之后，教师会根据教学进度适时补充新知识，同时向学生推荐相关书籍。有可能某类或某种图书会出现集中借阅的情况。

（三）考试前

在考试前，教师会集中查找相关的综合复习资料，同时也需要历年各地区考试试卷用以参考。

（四）放假前

假期对于教师来说是相对轻松的时间。放假前教师借阅文学类作品的比例会大大增加，同时他们也会系统地阅读一些专业书籍，为新学期的工作充电。这个阶段也是图书馆最为繁忙的阶段，外借图书出现高潮，借阅的种类也有所增加。

除了对任课教师的阅读需要进行调查分析外，图书馆也不能忽视学校其他教职员工的阅读需要。他们虽然不在教学一线岗位，但他们的工作同样对提高学校教学质量、保障学校高效运行起着重要的作用。阅读也是他们提高业务水平的重要手段。因此调查、统计、分析他们的阅读需求，帮助他们更好地利用图书馆，为他们做好服务工作，也是图书馆读者工作中一项重要的内容。

第五章

读者心理

导　语

　　读者心理研究是应用心理学的一般原理、知识和方法，对图书馆读者阅读过程中的心理现象、心理过程和心理机制进行分析和研究，以揭示在图书馆这个特定空间内读者的心理形成和发展规律，以及读者在阅读活动中的心理机制，从而更好地掌握读者的阅读需求。中小学图书馆只有根据读者的文献需求进行馆内资源建设与配置，努力提高服务质量，才能在学校教育教学和科研活动中发挥更大的作用。

第一节　读者心理的内涵与研究意义

一、读者心理的内涵

读者心理的内涵包括读者在图书馆活动中的阅读心理和检索心理两个方面。

（一）阅读心理

阅读是运用文字、符号、公式、图表来获取信息、认识世界、发展思维、并获得审美体验的活动。阅读是一种主动的行为过程。人类的心理活动在很大程度上支配着阅读活动，决定了阅读活动的延续性、阅读兴趣、阅读理解和最终的阅读成果。阅读心理是指读者在阅读活动过程中表现出来的心理现象，它包括阅读的认识活动和阅读的意向活动。

阅读的认识活动是读者对文献载体上的文字、信息或符号感知的过程，包括感觉、知觉、表象、思维等一系列生理和心理的活动。读者经过这一过程吸收并理解文献中包含的知识和信息。

阅读的意向活动带有更多的个人心理色彩，它是受读者的先天特性和社会环境两方面的影响而形成的读者个人的阅读需要、阅读动机、阅读兴趣、阅读能力等。阅读的意向活动是一种推动读者阅读的内在动力，它直接影响着读者的阅读倾向和阅读效果。

（二）检索心理

检索心理是指读者在文献检索过程中表现出来的心理现象和心理特征。读者的检索心理是千差万别、复杂多样的，其中包括以下几类：

1. 求快心理：人们在解决问题时，总是希望通过尽量简便的方式和方法，尽快解决问题。具体到读者，他们通常希望能在最短的时间内获得自己所需的图书。这种求快心理是每一个读者都会有的。

2. 求准心理：读者希望检索到的图书中的内容是真实可信的，并能帮助其解决实际问题。例如读者查找《中学数学常用表》的目的是找出某一数值来解决他在数学计算中碰到的具体问题，这就是一种典型的求准心理。

3. 求新心理：读者希望检索到最新的信息，从而掌握最新的发展动态，包括最新的新闻、数据、理论等。即使有些信息在时间上不是最新的，但读者之前没有见过，对于他们来说就是新的。

4. 求全心理：读者希望检索出的结果是全面翔实的。具体表现在信息内容和信息载体的全面上。

5. 最省力心理：读者在遇到问题或需要获取某些方面的信息时，总是会从自己周围的信息开始查找，之后可能向同学朋友寻求帮助，最后才可能选择去图书馆。读者在利用图书馆时也希望以最简单省力的方式，找到最直接的答案。学校图书馆可以利用网络技术提供移动图书馆服务，供读者进行信息检索，了解还书时间、新书通报、借阅排行榜、书评推荐等内容。

二、研究读者心理的实际意义

读者是图书馆服务工作的中心，读者心理能反映读者的阅读需求、阅读倾向以及在馆内的借阅行为。了解读者心理，以读者为导向，站在读者的角度来体验他们的需求，是学校图书馆科学地制定发展计划，有效地发挥其职能作用的前提和重要条件。掌握读者心理规律，把握读者心理特征，有利于降低学校图书馆发展建设中的盲目性，减少开展服务的被动性；有利于正确地处理好图书馆与读者之间的关系；有利于促进图书馆馆藏建设，提高馆藏资源的利用率，是提高服务质量的重要途径。

全面系统地研究读者心理，深入具体地掌握读者阅读与检索心理特征，是当代图书馆读者服务工作实践和读者研究不可或缺的一部分。

第二节　读者阅读心理

阅读是人们在社会生活中的一种有目的性的行为。它是由读者心理所直接支配的精神活动。因此，研究阅读心理、注重读者阅读指导是图书馆工作人员做好读者服务工作的一个重要前提和任务。

一、研究读者阅读心理的重要性

（一）有利于促进图书馆工作的全面开展

了解读者阅读心理，有助于指导图书馆工作人员开展实际工作，增强图书馆工作的学术性和服务性；发挥图书馆的教育和信息中介职能，引导读者发展健康的心理，控制和改善不良的心理状态；通过进行正确有效的阅读宣传，提高服务质量与管理水平，促进图书馆在学校教育教学工作中发挥更大的作用。

（二）有利于提高图书馆馆员的工作热情

研究读者阅读心理，可以增进读者与图书馆及馆内工作人员的关系，扩大图书馆在校内的影响力；促使图书馆的每一位工作人员更加热爱自己的本职工作，更加热爱读者，从而提供全面优质的读者服务。

（三）有利于图书馆馆员与读者更好沟通

研究读者阅读心理，能改善工作人员与读者的关系，使工作人员变被动服务为主动服务，辅助读者学习，为读者创造阅读条件；在日常工作的接触中，可以抓住读者的求知欲，激发他们的阅读兴趣，使图书馆内的馆藏信息资源能够发挥更大的作用。

（四）有利于提高馆藏信息资源的质量

由于诸多原因，图书馆在馆藏资源建设上容易出现重复、缺漏等现象。了解读者阅读心理需求，可以逐渐解决这方面的问题。另外，研究读者心理也利于矫正读者在馆内的不良行为。

二、读者阅读心理的类型

（一）研究型

这类读者的阅读目的是完成研究性学习等具体任务。他们的探究欲望强，对于文献信息的时效性、准确性及内容相关性要求高。一般当其研究课题完成后，其阅读需求也就结束了。图书馆由于馆藏数量和品种有限，往往不易满足他们对特定文献的需求。因此图书馆应尽最大努力，为这类读者收集、整理并迅速提供其所需的文献资料。

（二）学习型

这是一种较为常见的阅读心理。这类读者到图书馆借阅文献信息资源的主要目的就是学习。一方面是为了增长知识，提高文化素质，汲取新知识，拓展知识面；另一方面是为了辅助课堂学习，应对各类考试，以及解决学习过程中遇到的某些具体问题。

学生读者由于正处于学习知识的阶段，在学习过程中必然存在着一个循序渐进的过程，所以他们在知识的获取上是逐步扩大和深化的，是有计划、有步骤、分阶段的。图书馆应根据这些特点有针对性地提供合适的文献信息，使读者的学习心理得到满足。

（三）休闲型

这类读者根据个人爱好选择图书，没有具体的任务范围，目的是获得美的享受和艺术的熏陶。读者在学习、工作之余利用阅读充实个人的精神生活，进行轻松愉快的阅读。由于阅读既是一种文化娱乐活动，又是一种积极的休息方

中小学图书馆员·基本素养和基本技能系列丛书

式，还可以获得知识，受到教育和启发，所以受到了人们普遍的重视和喜爱。

在这三种阅读心理中，学习型和休闲型具有读者阅读活动的普遍性和读者服务的共性特征，这两类读者是图书馆工作中的基本服务对象。而研究型在读者阅读活动中则具有针对性、个别性、特殊性的特征，这类读者是读者服务中值得重点研究和重点服务的对象。研究读者的阅读心理类型是为进行读者的基本服务和重点服务做准备的，也是读者服务工作的一项基本内容。

三、读者阅读动机

动机是激发和维持有机体的行动，并使该行动朝向一定目标的心理倾向或内部驱力。[①] 读者阅读动机是社会性动机的一种，是动机在阅读活动中的具体化，是激发、维持读者阅读活动的内在心理过程。

读者阅读动机可以分为两大类：主动性阅读动机和被动性阅读动机。主动性阅读动机是指不受外部压力影响，以个人兴趣、爱好等内因引起的阅读动机；被动性阅读动机是指由外因引起的阅读动机，例如根据教师课堂要求的课外阅读动机、受父母监督的家庭阅读动机等。

---

① 林崇德主编《心理学大辞典》，上海教育出版社，2003年，第223页。

第三节 读者违规行为分析及应对方法

中小学图书馆读者的违规行为是基于一定的心理动机而产生的，而这又是由一些占便宜、发泄等心理行为引起的。由于学校图书馆环境的特殊性，产生这些违规行为的读者主要是学生。

一、读者违规行为产生的原因

（一）侥幸心理

侥幸心理是指偶然地、意外地获得利益或躲过不幸的心理。引申为人们贪求不止，企求非分、意外获得成功或免除灾害的心理活动。侥幸心理是人的一种潜意识，不足以支配人的行为，但当一个人自控能力不足时，这种潜意识膨胀就会引发相应的行为。

在图书馆的日常工作中，读者表现出侥幸心理的现象是很常见的。主要表现是在使用图书馆的各种资源及服务设施时，不小心违反了图书馆的规章制度或破坏了图书馆的公共设施，而躲过惩罚时产生的侥幸心理。例如读者在借阅图书时不慎将图书损坏而未被馆员发现。

侥幸心理会助长违规行为，阻碍读者身心健康成长，同时会影响图书馆的管理，使图书馆的公共设施遭到破坏。图书馆必须要加强对这类问题的监督和教育，以防侥幸心理和违规行为的发生。

（二）逆反心理

逆反心理是指客观环境要求与个人需求不相符时所产生的一种强烈的反抗

心态。逆反心理主要有两种表现：一种是人们反抗权威、反抗现实的心理倾向，另一种是青少年成长中为求得自我独立而对父母或师长所表现出来的反抗心态。对于学校图书馆来说，学生读者在青春期的逆反心理是最为常见的。

在图书馆中经常出现的情况是当学生违反了图书馆的纪律后，对馆员或相关人员的劝阻置若罔闻，甚至发生激烈的语言及肢体上的对抗。这样不但激化了读者与馆员之间的矛盾，还影响了图书馆的正常管理。

针对读者的逆反心理，如果图书馆不能及时加以制止，可能导致学生读者更加无视馆内的规章制度，在从众心理的影响下，更多的学生产生逆反心理，从而引起图书馆纪律混乱，严重影响馆内的正常秩序。

（三）独占心理

独占心理主要是指对于各类资源的垄断性占有，不容他人享有。

这种心理表现在：读者在使用图书馆内资源的过程中，因担心其他读者借走某类图书，影响了自己的借阅，于是将这些书长期外借或故意放错书架，藏匿于某些不易找到的地方，甚至故意将自己认为有用的书页撕掉带走。这种持有独占心理的读者不仅违反了图书馆的规章制度，还会给其他读者使用图书馆内的资源带来不便。

为防止这类情况的发生，图书馆在开放期间应加强馆内巡查与书架整理，将被藏匿的图书放回原处；还可以利用监控等技术及时发现，对实施这类行为的读者加以劝阻并讲明其中的利害关系。

（四）迷茫心理

迷茫心理即周围环境秩序的混乱或突然变化导致个体产生了一种不知所措的心理。这种心理在社会或者经济转型期最容易产生。

这种心理现象在学校新入学的学生读者中表现得最为明显。对于新入校的学生来说，图书馆是一个完全陌生的环境。他们希望从图书馆中找到自己喜欢的图书资源，但面对大量的馆藏以及数字资源，面对计算机的检索系统以及数字化阅读界面，他们往往会不知所措，无所适从，难免产生迷茫心理。他们选择外借图书时经常会犹豫，拿起后又放下，在这个过程中由于对馆内排架不了解，会导致大量图书出现乱架现象。

二、图书馆应对方法

（一）进行新生入馆教育与开设信息素养课

为了让新入校学生尽快了解和熟悉学校图书馆，更好地发挥图书馆的教育与文化传播职能，图书馆工作人员可以采取多种方式开展新生入馆教育。除进行专题讲座外，还可采用海报、多媒体软件、网站等方式开展宣传教育。

信息素养是现今全球信息化背景下需要人们具备的一种基本能力，使人们能够判断什么时候需要信息，懂得如何获取信息，并且如何评价和有效利用所需的信息。

信息素养包括关于信息和信息技术的基本知识和基本能力，是人们运用信息技术进行学习、合作、交流和解决问题的能力，涉及信息的意识和社会伦理道德问题。具体来说，信息素养包含以下五个方面的内容：

（1）热爱生活，有获取新信息的意愿，能够主动地从生活实践中不断地查找、探究新信息。

（2）具有基本的科学和文化常识，能够较为自如地对获得的信息进行辨别和分析，正确地加以评估。

（3）可灵活地支配信息，较好地掌握选择信息、拒绝信息的技能。

（4）能够有效地利用信息表达个人的思想和观念，并乐意与他人分享不同的见解或资讯。

（5）无论面对何种情境，能够充满自信地运用各类信息解决问题，有较强的创新意识和进取精神。

信息素养的四个要素共同构成一个不可分割的统一整体，其中信息意识是先导，信息知识是基础，信息能力是核心，信息道德是保证。

学校图书馆应通过进行新生入馆教育和开设信息素养课，提升学生读者的信息素养，以减少学生不良心理行为的发生。

（二）完善图书馆规章制度与管理措施

没有规矩不成方圆，图书馆应通过设立完善的规章制度来约束读者的行为。同时在执行相关规章制度时，馆员首先要自律。规章制度面向整个图书馆的读者与馆员，馆员除了与读者的身份不同外，在维护图书馆纪律、保持图书馆良好的阅读环境方面与读者具有同样的义务。

馆员在相关规章制度的执行过程中要做好对不良行为的监督、检查，并对不良行为及时进行批评和教育，使读者树立责任意识。

图书馆完善的规章制度和管理者的日常检查固然重要，不过人性化的弹性管理有时可以产生更好的作用。例如，发展图书馆学生志愿者，学生参与管理图书馆，利用同学间的关系有时能起到事半功倍的效果。在劝阻和约束图书馆不良行为时，馆员不可大声呵斥，态度应该和蔼可亲，耐心细致。这样既能给读者留下良好的印象，同时维持了馆内秩序，也不会伤害读者的自尊心。

（三）通过有效沟通，疏解读者的不良情绪

学校图书馆中易产生不良行为的主要是学生读者。在开展图书馆读者服务工作时，读者与馆员之间存在着双重关系：馆员既是管理者又是服务者，读者既是管理对象又是服务对象。由于学生读者的自身特点，作为管理对象，被约束会产生不满情绪，作为服务对象，接受服务时会有不满意的地方，因此会产生较多的不良心理，引起不良行为。图书馆方面应加强与读者的沟通，及时地疏解其不良情绪。

在与学生读者进行沟通时，馆员不能以高高在上的姿态来面对他们，而应该以平等的身份为其提供服务，以亲切和蔼的态度、娴熟的业务来解决每一位读者提出的问题，拉近与读者的心理距离，改善与读者的关系，以便更好地发挥图书馆的服务功能。

第四节　图书馆环境对读者心理的影响

一、图书馆环境的含义

图书馆内的环境主要包括硬件环境和人文环境两个方面。

硬件环境包括馆址的选择，馆内空间的布局与设计，馆内色彩的搭配、书架的排布、绿植与装饰物的摆放，馆内的空气质量、环境噪声等因素。这些环境因素都能较为直接地影响读者的心理，同时也是较容易改善的环节。馆舍空间作为图书馆五要素之一，对于读者的心理以及随之产生的阅读行为有着重要的影响。

图书馆的人文环境包括馆员服务、规章制度、资源建设等因素。人文环境随着读者利用图书馆次数的增加，影响逐渐增强。

中小学图书馆在日常的工作中经常会出现短时间内大量读者集中到馆的情况，同时非上课期间使用图书馆时，学生往往会自由进出、打乱班级建制，所以对环境质量的要求更高。图书馆在建设上要硬件环境与人文环境并举，不能只重视其中一方面而忽视了另一方面。从人文环境上来讲，书籍如同照亮生命的光，指引着人们前进的方向。从硬件环境上来讲，良好的通风和采光，对于每一个图书馆的建设来说，是一个最基本的条件。

二、加强图书馆硬件环境建设应注意的问题

随着社会经济的发展、家庭生活水平的不断提高，阅读无论是为了获取知识、乐趣，或是探索人类想象的世界，都是增加人生情感与精神财富的体验，这种体验与经济或金钱的富足不同。因此，建立一处环境优美、舒适的阅读空间是学校基础设施建设的重要一环。学校管理者不可忽视硬件环境对读者阅读

心理的影响。一个设计美观、布局合理、座椅舒适、干净卫生、安静优雅、资源丰富的图书馆，能给读者带来愉悦的心情与阅读学习的动力。反之，一个人

图 5-4-1 图书馆正门处设计与改造前

图 5-4-2 图书馆正门处设计与改造后

人都难以忍受的图书馆环境只能白白浪费馆藏资源。学校图书馆代表了学校的人文素养，是师生阅读与学习知识的圣地，应成为校园内的标志性建筑。如果学校置图书馆硬件环境于不顾，会极大地影响图书馆的服务与发展。

图书馆硬件环境建设应注意以下问题。

（一）合理安排空间线条、色彩，提升读者视觉美感

当人们观察物体时，无论多么复杂的外形，在感知过程中，首先给人视觉上的一个整体印象，同时进行归纳使其成为简单的形体。比如进入阅览室中首先给人的印象是书架，归纳起来感觉是长短不同的垂直线条。阅览桌给人更多的是水平线条的感觉，它们相互遮挡，形成了不同形状的长方形。书刊作为更短的线条镶嵌在每一个书架中。在视觉心理上，垂直和水平线条是理智和严谨的，其间不应有过多的斜线加以干扰。因此这就更加要求在阅览的环境中，桌椅、书籍的摆放要井然有序，减少空间环境中对视觉干扰的因素。除了物品形体外，空间环境的色彩也会对读者心理产生影响。如阅览室中的色调布局要符合读者阅读的心理需求，读者读书时精神集中，需要有一种宁静的色彩气氛。根据色彩和谐的法则，主调色彩柔和能使所有邻近的色彩之间呈现令人愉悦的氛围。因此要认真确定主体色调，使墙壁、地面、书架、书桌、门窗之间的色彩协调一致。同一色彩在不同位置、不同方向产生的丰富变化，又增添空间环境的有机平衡。加上缤纷斑斓的书籍作为小色块点缀其中，起到色彩构成中主次对比与统一的作用，使阅览室既安宁又不乏味，使读者能愉快地进入良好的学习状态。

（二）注意细节处理，感染读者精神

书籍是人类文明进步的阶梯。当读者进入图书馆的大门时，图书馆的环境应给读者一种踏入知识殿堂的感觉。在空间环境设计上应调动一切有效的方法来烘托这种氛围，起到感染、激励读者并使其产生学习动力的作用。

在图书馆中，摆放的任何一件物品，无论是书法、绘画、雕塑作品，还是绿化植物，都会在特定的环境中给读者以联想，产生超出物体自身意义的作用。在空间设计上通过装饰材料、灯光的设计，整体色调的烘托及书架的合理摆放等，可以展现环境优美、大方，高雅的和谐美，这对读者日常阅览或者开展研究性学习都会产生有益的作用。

图 5-4-3 图书馆改造前

图 5-4-4 图书馆改造后（1）

图 5-4-5　图书馆改造后（2）

（三）营造优雅的环境，调节读者心理

不论是阅览室还是借阅一体式的书库，当读者置身浩瀚的书籍之中时，宽敞而明亮的窗户为读者提供了书本之外的直接与大自然相连的窗口。蓝天、白云、绿树以及馆内静谧的环境，在带给读者舒适的休憩空间的同时，也起到了调节读者心理的作用。

图 5-4-6　优雅舒适的阅览室环境

图书馆的环境从视觉感受上多以直线为主，给人以简朴、理性的感觉，但也容易使人产生单调和呆板的印象。如果在墙壁适当的位置挂几幅艺术作品，或以浮雕形式镶嵌上科学家的名言警句，不仅可以调节读者的心理，还可以陶冶读者的情操，又会美化环境。读者在这样的环境中读书，既可在名言中思考学习，又可以通过艺术作品唤起对美好事物的向往。在图书馆空间环境中，通过装饰与陈设表现出的气氛和美感应与周围环境相协调，起到活跃空间与调节心理的作用。

（四）图书馆环境建设应具备信息指引功能

随着时代的进步与技术的发展，图书馆在学校中发挥着越来越多的作用。在空间环境中，通过建立美观统一的标识系统，对馆内各个功能区域、不同内容进行展示，可以方便读者使用。图书馆可充分利用合理的空间，立体地、全方位地向读者提供信息，通过 LED 屏幕、指示牌、宣传栏等多种形式来提供不同内容的信息。例如新书推荐、特色馆藏的展示等，既可以是实物展示，也可以通过多媒体技术进行展示。这些内容都可以使读者在视觉上接受不同的图像信息与文字信息，便于读者更好地利用馆内资源。

图 5-4-7　图书馆标识——标示牌

三、图书馆人文环境建设应注意的读者心理

图书馆在加强人文环境建设的过程中，应注意读者在利用图书馆各类资源的过程中的心理现象，并根据具体的读者行为改善馆员的服务方式，以提高读者对于图书馆的整体满意度。

常见的读者心理包括从众心理、第一印象、近因效应、光环效应等。

（一）从众心理

从众心理指个人因受到外界人群行为的影响，而在自己的知觉、判断、认识上表现出符合公众舆论或多数人的行为方式，也就是我们俗称的"随大流"。

读者，尤其是低年龄段的学生读者的从众心理是非常常见的。他们进入图书馆后看到海量的图书会不知所措，不知自己应该阅读什么书。这时他们往往倾向于与同学同行，参考同学的选择，选择与同学相同或类似的图书；还存在着看其他同学归还什么样的书，从中选择自己想看的图书的行为；或者根据各种媒体上的图书评论与推荐以及图书馆内的借阅排行榜，来选择自己想看的图书。

（二）第一印象

第一印象是人们在与陌生人或事物第一次交往或接触后所得到的印象，也就是我们常说的先入为主，对人们形成对人或事物的总体印象具有较大影响。第一印象常常成为人们决定之后行为的依据。

具体到图书馆工作中，图书馆及馆员给读者留下的第一印象至关重要。如果图书馆环境优美、阅读学习氛围浓厚，馆员和蔼可亲、服务周到，图书馆内馆藏资源丰富、书籍排架井然有序，就会给新来的读者留下积极向上的良好印象，让他们觉得图书馆是非常适宜阅读与学习的好地方，进而有了要经常来的想法。如果图书馆管理混乱，人声嘈杂，图书破旧、摆放凌乱，馆舍空间设计不合理，借还书手续复杂，开馆时间不固定，馆员对读者提出的问题充耳不闻、爱搭不理或将个人情绪带到工作中，就很容易给读者一个很差的印象，很难使读者继续选择图书馆作为他们阅读学习的主要场所，从而无法发挥服务读者的功能。

（三）近因效应

近因效应是人们在认识一系列事物时，在通过之前的经历做判断的时候，最近的事物对他们的认识或判断影响更大。近因效应和第一印象是两种不同的心理效应。一般认为，认知者与熟人或熟悉的事物接触交往时，近因效应起较大的作用；与陌生的人或事物接触交往时，第一印象起较大的作用。

在图书馆工作中，也会产生近因效应。如某馆员的服务态度一直很好，给读者留下了较好的印象，但某一次因情绪不好影响了服务态度，就会改变读者对他原来的印象。随后如果这位馆员的态度恢复如常，经过较长一段时间后，读者又会恢复之前对他的印象。

（四）光环效应

光环效应是指以自身的认识对其他人或事物产生局部印象后，根据其局部印象推断人或事物的整体情况，即产生以偏概全的主观印象。产生这种效应主要是因为人们掌握对方的信息有限，又要对人或事物做出整体的判断。

例如，在具体的图书馆工作中，读者遇到某位馆员，发现其服务热情、业务熟练，就易产生对整个图书馆的馆员都很优秀的判断，从而喜欢到图书馆来；如果遇到的某位馆员态度冷淡、业务生疏，就易产生整个图书馆的馆员都不熟悉业务的印象，对图书馆的整体服务不满意，以后不愿再到图书馆来。

正确地认识并利用读者在图书馆内的心理现象，对图书馆人文环境建设具有非常重要的作用和意义。

四、加强图书馆环境建设的其他建议

将环境心理学应用到学校图书馆的建设之中，并在建设之初邀请校领导、图书馆负责人、教师与学生代表共同参与到设计过程中，不仅能集思广益，建设出管理便捷、深受读者欢迎的图书馆，还能节约资源，使馆内空间具有较强的实用性、适用性、舒适可扩展性，收到两全其美的效果。图书馆的人文环境更应该在全面系统地对全校师生进行调查分析研究的基础上，按照读者的需求进行人性化管理，提高服务水平，丰富馆藏资源，使图书馆的人文环境更优美。例如，学校在图书采购前应和读者沟通，由读者提出购书需求，馆员根据馆内实际情况进行采购，尽量减少采购无用图书与重复采购的现象，从而提高馆藏资源的利用率。

第六章
读者需求

导　语

　　20世纪40年代，美国人本主义心理学家马斯洛提出的需求层次理论，成为当代心理学的准则，被广泛应用于各个领域。

　　马斯洛需求层次理论认为人具有多种多样的需求，包括生理需求、安全需求、社交需求、尊重需求和自我实现需求。这些需求由低到高排列，当人的低层次需求被满足之后，才会转而寻求实现更高层次的需求。

　　人类社会的发展就是一个由低级需求向高级需求逐步实现的过程。人类各种行为的动机都是由心理需求驱动的。阅读是人类实现更高需求的一种方法和手段。图书馆是人类阅读需求不断增长的产物，没有这种阅读需求就不可能有图书馆的生存与发展。研究中小学读者的阅读需求有利于提高图书馆工作人员的业务水平和工作能力，完善图书馆的各项职能，从而促进中小学图书馆的发展。

中小学图书馆员·基本素养和基本技能系列丛书

第一节 读者需求的意义

一、读者需求是图书馆生存与发展的基础

印度图书馆学家阮冈纳赞提出的图书馆学五定律中指出，"每个读者有其书"，"每本书有其读者"。这明确地表明了图书馆的社会价值是以图书为纽带，最终通过满足读者需求来实现的。随着人类社会的发展，人们需要一个保存人类文化遗产、开展社会教育、传播科学文化知识、开发智力资源、提供文化娱乐的文化教育机构，以适应社会的发展。这是全社会的需求，具体到个人就表现为读者的阅读需求。读者需求是图书馆产生的重要基础，决定着图书馆的生存与发展。

读者需求不是一成不变的，它会随着社会发展不断变化。为了满足这种需求的改变，图书馆的内部机构、服务方式等都要进行相应的改变。读者需求与满足这些需求的图书馆资源和服务工作相互矛盾的关系，推动了图书馆的不断发展。图书馆的借阅方式由闭架模式改为开架模式，就是典型的读者需求推动着图书馆服务模式转变的例子。随着科学技术的迅猛发展、信息资源的爆炸式增长，现代信息技术在图书馆服务中的广泛应用也更好地满足了读者需求在服务模式上的变革需要。

二、满足读者需求是图书馆工作的核心

图书馆内部的空间布局、排架方式、藏书体系的建设、阅读方式的多样性等均应围绕满足读者需求这一目的来展开。例如在图书排架方面，可以将新上架的图书、借阅率比较高的图书放置在醒目的位置，方便读者快速借阅；将各类专业性比较强的图书放置在相对安静的区域，以便于学习型、研究型读者

安静地阅读。这些都是为了满足读者对图书外借与阅读的需求所进行的特殊安排。

我国中小学图书馆长期以来重点抓馆内资源建设，容易忽视读者服务工作建设。通过对比 2003 年与 2018 年教育部颁布的新旧两版《中小学图书馆（室）规程》，可以明显发现新版规程对于读者服务工作，即满足读者需求方面的要求更加明确与细致。

三、研究与掌握读者需求是有效开展针对性服务的前提

研究与掌握读者需求能最大限度地减少工作中的盲目性，有针对性地采用适宜的服务方式，从而提高工作效率。图书馆服务的有限性和读者不断增加的需求是图书馆服务工作中的矛盾。这时应该注意分清读者需求的主次，这才是化解这一矛盾的有效方法。例如，图书馆在日常图书采购时不可能满足所有读者的阅读需求，应该有效选择图书，建立最佳的藏书体系，使有限的购书经费和馆藏空间可以最大化地满足读者的需求。尤其对于中小学图书馆空间、经费有限的情况，这一点就更为重要。

四、对读者需求的满足程度是衡量图书馆工作的重要指标

图书馆对读者需求的满足程度，不仅可以衡量图书馆服务工作是否精准高效，同时也表明图书馆的藏书结构是否与读者需求相吻合。精准高效的服务要以合理的藏书结构为基础，它既涉及图书馆服务水平与能力，也与图书馆主管部门制定的政策紧密相关。

第二节　读者需求的类型

读者在阅读活动中表现出来的阅读兴趣和阅读需求是多种多样的。从不同的角度进行归纳，可以划分不同的读者需求类型。读者的阅读需求大致分为以下几类。

一、社会型阅读需求

社会型阅读需求是指在某一时期、某一范围内出现的具有共同阅读倾向的读者群体的需求。简单来说，就是大家都在看同类的图书。这种读者需求一般不是由主观因素产生的，而是由社会需求和发展的趋势或热点事件引发的。这类阅读需求的特点是需要阅读文献的数量大、阅读时间集中、阅读针对性强，使得某些图书在短时间内供不应求，成为读者的阅读中心。随着时间的推移，社会潮流的变化，社会型阅读需求也会随之发生转变。有些需求会从短暂的阅读需求变为持久的阅读需求，有些则会发生转移，形成新的阅读需求。例如，我国作家莫言获得诺贝尔文学奖后，就有大量的读者希望能借到他的作品。面对这种社会型阅读需求，图书馆馆员要有敏锐的眼光，随时关注各类社会热点事件及其发展趋势，同时分析这种读者需求的性质、规模、需求程度以及时间的长短。研究与掌握这类读者需求的趋势，使读者的长期需求与眼前需求相结合，做好馆藏资源的建设工作，加强图书宣传，促进图书资源不断流动，最大限度满足社会型读者的阅读需求。

二、专业型阅读需求

专业型阅读需求是指从事各学习、工作、研究等专业活动的读者的阅读需

求。这种阅读需求与读者所从事的学习、专业工作和研究活动的实践活动联系紧密。活动的开展确定了专业需求的范围、内容和要点。专业型阅读需求的满足使读者在专业知识技能和解决具体问题的能力上获得提高，从而推动专业活动的深入开展。因专业型需求与实际活动在内容、目的、时间、空间上有一致性，所以最稳定、持久与深入。专业型阅读需求伴随于专业活动始终，活动没有完结，这种需求也就不会完结。这也就是常说的干什么专业读什么书。这种类型的阅读需求与阅读倾向比较固定，对图书资源的内容要求具有针动性。但即使是同一需求类型的读者，由于他们的年龄、阅历、知识水平的不同，他们的阅读需求的广度、深度和重点也有所区别。比如，同样是对数学类图书的阅读需求，小学生读者和中学生读者在具体阅读需求上就会有明显的区别。因此，分析专业型读者的具体需要以及他们的共性和个性特点，有利于更有针对性地做读者服务工作。

三、研究型阅读需求

研究型阅读需求是指读者为完成承担具体研究任务所产生的阅读需求。读者往往是围绕研究内容组织和展开阅读，以便了解课题的研究方向，掌握课题的研究水平。读者在研究课题的不同阶段，根据课题的进展情况，阅读需求也有不同。如在选题阶段，读者需要进行查重与查新。查重可以发现所选课题是否被他人研究过，可避免重复研究；查新可以了解本课题相关的最新研究成果以及发展趋势，以便判断是否有进行深入研究的必要。在调研阶段，通过普查文献，掌握重要资料、数据、事例与方法，从而开阔思路，扩展眼界，形成新的认识。在总结阶段，再查阅最新出版的文献，进行分析研究，筛选文献取其精华。研究型阅读需求是将阅读活动与创造性活动紧密结合的阅读需求。研究型阅读需求对文献有较高的要求，具有全面系统、准确具体、新颖及时和针对性强等特点。同时由于不同读者能力上的差异，其在具体利用文献上也会有所不同。所以对于研究型阅读需求，图书馆应采用不同的方式，不断搜集整理相关文献，为读者提供重点服务，不断满足读者的阅读需求。

四、业余型阅读需求

业余型阅读需求是指读者在学习工作之余，以满足个人的兴趣爱好为目的的阅读需求。业余型阅读需求与读者的学习和工作联系不大，受读者自身的个性心理因素影响比较明显，可以反映出读者个人的兴趣爱好与心理特征。

不同年龄段的读者的业余型阅读需求也有所不同。青少年读者的业余阅读兴趣正处在发展时期，他们阅读兴趣广泛，求知欲强，可塑性强，但不定性，兴趣易转移，利用文献的范围和种类较不固定。中老年读者的阅读兴趣较稳定，阅读文献的范围和种类较相似。他们的兴趣往往和自身的个性心理、知识水平和生活阅历有关。

此外，这种需求还会在一定程度上受到社会、家庭、同学、同事的影响，有些阅读需求还会成为读者个人发展方向的重要指引。因此图书馆要善于发现和引导读者健康的业余型阅读需求，培养读者对科学技术、文学艺术的兴趣，以陶冶性情，开阔视野，使得读者的阅读活动得以健康、有效发展。

通过研究和分析读者需求，找到其中的共性和个性的主要特征，加以区别利用，就可以对读者进行更加充分和有针对性的服务。

第三节　中小学图书馆读者需求的特点

不同的图书馆，其读者需求有不同的特点。中小学图书馆的主要服务对象是学生读者和教师读者。这两类读者具有各自的特点，对于图书馆的需求也有明显的差异。

一、学生读者需求的特点

学生读者是中小学图书馆中人数最多的读者群体，分析研究他们的需求特点是中小学图书馆读者服务工作的主要内容。学生读者的需求有以下特点：

（一）对与教学相关图书的需求具有稳定性、集中性和阶段性的特点

学生学业进度和课程的安排规定了教学相关类图书的基本范围，使得这类图书在学生读者的使用中具有一定的稳定性。集中性主要表现在某一时间段内会有大量同类图书的外借需求，这主要是由于教学安排的必读书目、教师布置的阅读任务等。同时由于教学过程的阶段性，这类图书呈现出周期性循环使用的状态，具有较强的阶段性特点。

（二）学生思维活跃，对新鲜事物和精神文化生活有较高兴趣，其阅读量明显高于其他年龄读者

青少年时期的学生会根据个人的爱好阅读大量的课外读物，涉及面非常广泛。无论是社会大环境还是家长的意愿，都鼓励学生读者多读书，通过阅读来充实生活，提高文化素养和学习能力。他们的阅读热情、态度和目的都体现他们强烈的求知欲。

二、教师读者需求的特点

教师读者是中小学图书馆的重点服务对象，这是由他们在学校中所承担的教育教学任务决定的。根据他们的年龄结构可将他们划分为青年、中年、老年三个层次。他们在利用图书馆的过程中，也表现出了不同的特点。

（一）青年教师思想活跃、精力充沛，是学校教育教学工作的新生力量

青年教师刚刚走上工作岗位，正不断地积累和提高自己的专业知识、教学水平。他们学习勤奋，工作热情，对利用图书馆资源有很高的积极性，具有入馆频率高、在馆阅览时间长、阅读内容广泛和图书外借数量多等特点。

（二）中年教师年富力强，是学校教育教学的骨干力量

中年教师一般有着扎实的专业知识、丰富的教学经验和较高的教科研水平。面对繁重的教育教学任务与教科研工作，他们需要学习与更新知识来不断提高自己的能力。他们对图书内容的需求主要集中在与本专业相关的文献信息上。他们还经常希望图书馆能提供更高层次的二次、三次文献来了解学术动态。

（三）老年教师经验丰富，是学校教育教学的主导力量

老年教师经常要带徒弟，培养新一代的教育人才，同时还承担着学校教科研的重要任务。他们经过多年的工作，积累了丰富的文献资源，对图书馆的利用主要集中在查找最新专业研究动态方面。由于他们对于网络资源的利用能力相对青年教师来说较弱，馆员应当在这方面给予他们更多的帮助。

第四节　读者需求中的相关社会学理论

一、二八定律

二八定律也叫帕累托法则，是 19 世纪末 20 世纪初意大利著名经济学家和社会学家帕累托发现的一个社会学和经济学的统计规律，即 20% 的人占有 80% 的社会财富。这一定律具有普遍的意义，广泛存在于社会生活的各个方面。

在学校图书馆实际工作中，二八定律同样普遍存在。20 世纪 60 年代，二八定律引起了图书馆学研究者与图书馆实践工作者的关注。在图书馆信息资源建设领域，二八定律长期以来都被图书馆界作为确定馆藏资源建设的重要理论依据。1969 年，美国图书馆学家特鲁斯威尔提出馆藏信息资源利用的二八定律：在图书馆的全部馆藏信息资源中，大约有 20% 是常用的，通常能够满足读者 80% 的需求；同时占总读者量 20% 的核心读者，在日常借阅中的借阅量是全体读者总借阅量的 80%。这就为我们在图书馆资源建设方面提供了一定的指导依据。

目前很多中小学图书馆存在着经费、馆舍空间有限以及馆员不足的情况；同时随着纸质图书价格的逐年增长、读者阅读需求内容的不断更新，原有馆藏难以应对。如何满足读者需求是大部分中小学图书馆在资源建设中的一大难题。如果要满足读者的全部阅读需求，相比于满足读者 80% 的阅读需求，馆藏量要增加数倍乃至数十倍，显然这是非常不现实的。在这种情况下，依据二八定律，定点采购使用率较高的图书资源，就可以使图书馆的经费投入获得最大化的效果，在有限的条件下最大限度地满足读者的借阅需求。

二八定律在图书馆满足读者需求工作中的具体表现如下：

（一）指导馆藏资源的采购工作

通过与读者的日常交流、图书荐购与问卷调查和定期对馆藏图书的借阅情况的分析研究，图书馆可以获得大量的阅读需求信息，从中准确地找到读者80%的阅读需求。这就为图书馆今后的采购工作明确了目标，使采购图书与读者需求相吻合，有效地满足读者的阅读需求。

（二）了解核心读者的阅读倾向

由于20%的核心读者占据了全部读者借阅量的80%。因此了解这些读者的阅读需求，积极主动地为他们开展服务，就可以掌握最主要的读者倾向。保证核心读者的服务不仅要满足其对图书的阅读需求，同时还应关注其潜在的需求，即客观上能对读者的学习、工作产生积极影响而读者尚未意识到其价值的图书信息。

（三）指导馆内馆藏排架布局

目前很多图书馆采用二线或三线典藏制，即按文献利用率的高低与图书的新旧程度等，把馆藏图书划分为两个或者三个不同层次，分别存放于相应的位置。一线书库存放的是利用率最高的图书，借阅量可占总量的70%～80%，实行全开架借阅方式，一般设置于馆内最利于读者拿取的位置。二线书库用来存放利用率稍低的图书，借阅量可占总量的20%～30%，一般采用全开架或半开架借阅方式。三线书库一般为特殊馆藏（如古籍、校内教师著作或其他特色馆藏资源等），所占馆藏比例较小，一般采用闭架管理，不对读者外借，仅在读者有需要时提供阅览。图书馆通过采用二线或三线典藏制将满足读者大量阅读需求的图书集中至一线书库，把只能满足少量读者需求的图书放在二线、三线书库，从而使读者能够用最少的时间和精力获得所需的图书。这种形式反映了图书利用分布高度集中与相对分散的二八定律，对于提高图书馆馆藏资源的开发与利用具有相当重要的意义。

（四）为图书剔旧工作提供依据

馆藏图书的日常剔旧工作也是图书馆的重要工作之一。由于图书半衰期的存在，尤其是科学技术类图书，存在着内容陈旧、信息失效的现象。同时图书馆是一个生长着的有机体，在不断补充新书的同时，也要注意剔除过时、失效的图书，以方便读者使用。根据二八定律，图书馆应及时地将占 80% 的低利用率图书调入其他线书库或直接下架，以保证馆藏书结构的合理性，提高馆藏图书的利用率。

二、长尾理论

长尾理论源自美国《连线》杂志主编克里斯·安德森于 2004 年 10 月在该杂志上发表的《长尾》一文。"长尾"实际上是统计学中幂律和帕累托分布特征的一个口语化的表达。长尾理论的基本原理：只要存储和流通的渠道足够大，需求不旺或销量不佳的产品所共同占据的市场份额可以和那些少数热销产品所占据的市场份额相匹敌，甚至更大，即众多小市场可汇聚成与主流大市场相匹敌的市场能量。

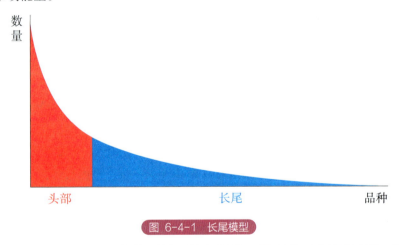

图 6-4-1 长尾模型

长尾理论中"尾巴"的作用是不能忽视的，管理者不应该只关注"头部"的作用。长尾理论提出后，产生了巨大的影响。图书馆的发展经历了由"重藏轻用""藏用并重"到"以用为主"的不同阶段，服务模式也经历了由为个别人服务、为少数人服务向为大众服务的转变。用长尾理论的观点来看，图书馆已经开始转向服务于"长尾"。图书馆在服务环境、服务方式、服务手段等方面都要充分体现"以人为本"的思想，把满足读者需求放在第一位。在服务工作中要重视读者的多元化需求，树立个性化服务理念。

图书馆日常借阅工作中一直存在着一个问题，那就是读者需求的多样性与馆藏资源建设的滞后性之间的矛盾。数量庞大的低利用率文献的存在，成了馆藏资源进一步发展的瓶颈。图书馆在满足核心读者需求的同时，也不能忽视其他少数读者的个性化阅读需求。将长尾理论应用于图书馆管理，会发现那些低借阅率图书，虽然具体到每种书来看利用率很低，但因其数量巨大，图书馆如果能利用网络的便捷性，采用多种多样的图书宣传推广与服务方式，就可以发现潜在读者，同时满足其潜在的阅读需求。

长尾理论在图书馆满足读者需求工作中的具体表现如下：

（一）促进建立全新的服务理念与制度

图书馆服务正由消极等待读者提出阅读需求的方式转变为采用各种方法主动推介，使每本书都有其读者的方式；由轻视读者个性化需求转变为重视读者个性化需求，聚合并积极满足读者的个性化需求；由注重图书的数量建设到更加注重读者对于图书获取能力的提升。图书馆应建立和完善图书馆规章制度，构建图书馆实现图书信息服务模式转变的保障机制。

（二）聚合读者需求，调整馆藏结构

图书馆可以通过定期组织大范围的问卷调查，在日常工作中与读者进行沟通交流，或通过网络推荐、读者留言等多种渠道来聚合读者的阅读需求。图书馆主页还可以通过嵌入其他搜索引擎、学科门户链接等，通过对读者的行为分析聚合读者需求数据，作为建设馆藏资源和提供信息服务的参考依据。

（三）运用联合目录，降低读者搜索和获取资源的成本

图书馆的馆藏纸质资源、数字化资源和外购的资源数据库可以被充分地整合在一起，降低读者发现和获取资源的成本，减少大量资源被长期搁置的情况出现。有条件的图书馆可以加入图书馆资源共享系统，将馆藏列入联合目录，共同开发资源统一检索工具，以增加资源找到读者、读者发现资源的概率和途径。

（四）建立资源导航系统，引导读者发现感兴趣的资源

随着科学技术的发展，信息阻塞的鸿沟被逐渐填补，读者对于阅读的需求

从需求曲线的"头部"开始向"长尾"转移。图书馆可以聚合读者的个性化需求，将资源分类标注、推荐评价，吸引不同读者群的兴趣，将读者的视野逐渐从大众领域转向个人领域。图书馆可以通过建立相应的机制让读者参与资源建设、评价、推荐，并通过对这些评价、推荐的数据分析引导读者一步步找到以前可能被忽略的、感兴趣的资源。图书馆还可以通过对读者流通数据的分析，开展基于读者使用数据的推荐服务，将读者注意力引向更多的资源，从而使图书馆的长尾资源得以更好地开发利用。

三、二八定律与长尾理论之间的关系

二八定律强调应抓住影响事物性质的少数主要因素，长尾理论却重视传统观念上被忽略的占绝大多数的次要因素。二八定律强调以小博大，抓核心；长尾理论重视挖掘细小需求，聚沙成塔。两者之间并不是相互矛盾、相互排斥的关系，而是一种有益的互补关系。

首先，长尾理论的基础是丰饶经济，是产生二八定律的古典经济学在新的历史条件下的发展，是对二八定律的补充与完善，两者在本质上并不矛盾。

其次，二八定律与长尾理论关注的是同一体系中的不同对象。简单来讲，二八定律关注的是占20%的核心因素，而长尾理论关注的是占绝大多数的80%的其他因素。这两者共同组成了一个完整的供求曲线。

最后，长尾理论是环境变化下的产物，它要发挥作用是有条件的。在网络出现之后，图书馆资源的检索变得简单易行，同时自由的网络也为广大读者提供了更多的兴趣选择。如果不能满足这些条件，在传统情况下，二八定律依然可以发挥作用。

图书馆内的信息资源具有有限性和有价性，这使得我们必须要考虑如何合理地进行资源配置。同时，时代的发展带动了图书馆的数字化。现代图书馆往往是纸质资源与数字化网络资源并存。如何根据二者的不同特征，合理有效地开展图书馆的资源建设，以满足读者需求，是一个重大的课题。二八定律和长尾理论为我们指出了有效的策略和方法，即通过二八定律配置馆藏纸质资源来提高资源的利用率，应用长尾理论来整合馆藏数字化资源和图书馆数字服务，以满足更多读者的个性化需求。

第七章

读者服务

导　语

　　中小学图书馆的常规业务工作一般可以分为资源建设和读者服务两个方面。资源建设主要包括纸质资源建设和电子资源建设两个方面，即对资源的收集、整理、保存等基础性工作；读者服务主要包括读者的组织与发展、读者教育、流通借阅、资源检索、宣传导读、参考咨询等内容。从图书馆的整体工作来看，这两方面的工作是紧密联系、相互促进、相辅相成的关系。随着图书馆工作的重点逐渐由"重藏轻用"到"以用为主"的转变，图书馆的工作更要以读者服务为重心，紧密围绕读者的合理需求进行资源的配置与建设。

　　读者服务工作是指图书馆根据读者的阅读需求，充分利用馆藏资源及其他条件，通过信息组织、读者研究、宣传导读等一系列工作直接向读者提供文献信息的一系列活动。读者服务工作的宗旨和核心是为读者提供最好的服务。中小学图书馆存在的目的是让读者使用。离开了读者的使用，图书馆便失去了存在的意义。图书馆一方面要把自己的馆藏资源推荐给需要它们的读者，使这些资源可以发挥最大作用；另一方面要为学校读者准确地提供他们所需的资源，满足读者各种类型的阅读需求。这些工作都需要通过读者服务来实现，通过读者服务把馆藏资源与读者联系起来。

　　中小学图书馆的读者服务要从读者利用馆藏的效果、图书借阅率、馆藏的补充是否符合读者的阅读需求、馆藏数量能否满足读者规模、图书馆检索系统能否充分揭示馆藏资源等方面来衡量。中小学图书馆的读者服务应以广大学生的需求为基础，以学校教师教育教学需求为重点。

中小学图书馆员·基本素养和基本技能系列丛书

第一节 读者服务工作的地位与作用

中小学图书馆的所有工作都是为了给读者服务创造条件，图书馆的价值是通过服务来实现的，图书馆的所有活动都是围绕着如何服务于全校师生来展开的。服务观念、服务手段、服务方式始终贯穿于图书馆工作全过程。图书馆员服务的态度和思想、基于服务的思维活动所形成的服务理念，是直接影响图书馆服务对象对于文献信息资源的需求能否得到满足的关键因素。读者在图书馆员心目中的位置和以如何满足读者需求为主要内容的服务理念又是图书馆实现自身价值的基础和保障。

20世纪的中小学图书馆以藏书数量多为荣，而在数字化时代，图书馆馆藏的数量与馆舍的大小已不再是中小学图书馆的核心竞争力。因为在移动互联网时代人们获取信息的渠道多种多样，不再仅仅将图书馆作为信息获取的唯一手段。所以，新时期的中小学图书馆要提高其竞争力，既要靠资源优势，更要靠具有自身特色的、其他渠道不具备的服务优势。只有高质量的服务，才能使中小学图书馆脱颖而出。图书馆的竞争力来源于高品质的服务，这将引领中小学图书馆向着更快、更好的发展道路前进。

一、读者服务工作是图书馆工作的核心

中小学图书馆各类工作有很多，但最终要达到的目的都是让馆藏资源更好地为师生读者所利用，进而发挥其作用。图书馆员与读者直接接触的服务工作代表整个图书馆的管理水平，是图书馆的窗口，是图书馆工作的第一线。虽然读者无法直观感受到图书馆其他各项工作，但这些工作都在间接地为读者服务，这些工作的成果都要通过读者工作来检验。读者工作是图书馆内一切工作的核心。

第二节　读者服务工作的内容与方法

一、发展读者

图书馆的读者人数是一个直观的指标，它能体现出学校图书馆馆藏质量、服务态度与水平，是中小学图书馆管理不可忽视的一个量化标准。只有不断地壮大图书馆的读者队伍，才能推动图书馆提供更多的读者服务。在中小学中，虽然很多教师和学生会利用图书馆，并成为图书馆的现实读者，但还有相当数量的师生基本上不利用图书馆，他们是中小学图书馆的潜在读者。同时学校图书馆中小学生读者更替具有规律性，每年都会有毕业年级学生离校，起始年级入校。新入校学生对学校环境比较陌生，他们也是学校图书馆的潜在读者。因此，将这些潜在读者转变为现实读者就是中小学图书馆发展读者工作的主要内容。

（一）新生入馆介绍

在每年新生入学之际，利用图书馆宣传栏、图书馆网页、网络自媒体等方式向他们介绍图书馆的规模、藏书和布局，让他们了解图书馆；介绍图书馆的服务方式和管理制度，介绍他们使用图书馆的权利和义务。利用合适的时间组织新生走进学校图书馆，使其获得对图书馆的感性认识；在学生之间利用学生会、图书馆志愿者介绍图书馆。这是发展读者的第一步。

（二）利用学校活动

针对学生读者层次接近和各学期工作具有阶段性、规律性的特点，图书馆可以利用学校各种活动，向他们重点推荐、宣传相关书籍，鼓励他们阅读。这也是吸引读者的一种方法。例如，学校可以每学期组织科学节、文化节等活动，按活动主题进行有针对性的宣传推荐。

（三）环境建设

营造良好的阅读环境也是非常重要的。读者对图书馆的第一印象就是馆舍环境。中小学图书馆在馆舍空间设计上要力求美观，让人进入馆内能有一种美的享受。馆舍内应保持清洁、宁静，可根据实际情况布置绿色植物，使读者入馆后就有良好的阅读心情。馆内书架排列要科学合理，馆内空气要清新，采光要充足而不刺眼，通过浓厚的文化氛围潜移默化地影响读者。

二、借阅服务

借阅服务是中小学图书馆的主要服务内容，借阅服务的质量直接反映了图书馆的工作水平。

（一）外借服务

外借服务是指图书馆允许读者办理必要的手续后将馆藏文献携出馆外，在规定的期限内享受自由使用的权利，并承担保管义务的服务方式。外借馆藏文献应采用开架方式供读者自由选择，读者对所借的馆藏文献应妥善保护并充分利用。外借服务是读者利用图书馆文献的主要方式，是文献传播的重要手段。

由于图书馆管理的自动化、信息传播的网络化，新时期中小学图书馆外借服务面临新的挑战。在新时期做好图书馆外借服务应注意以下几点：

1. 创新服务方式，加快系统建设

随着数字时代的到来，我国很多经济发达地区的中小学图书馆已经使用图书馆自动化系统进行管理，但在很多基础薄弱地区，由于经费、规模等原因，还没有实行自动化、网络化管理。为了提高服务效率，方便读者查询、阅览与外借，各地有关部门应提高对中小学图书馆的重视程度，帮助其加快建设，实现中小学图书馆的全面现代化。

2. 实行开架阅览，开展馆际互借

传统藏书楼式的闭架借阅模式不但读者查询方式落后，还增加外借服务人员的工作量，已经不能满足当今社会的发展需要。在新形势下实行开架管理，读者可自行查询，实现了借与阅的一体化。有条件的学校图书馆还可以开展馆际互借与异地借还。这些特色举措可以满足更多读者的阅读需求，进一步扩大读者的阅读范围，提高馆藏文献的使用价值。

3. 提高外借服务馆员的职业素养与工作热情

中小学图书馆是国家教育事业单位，馆员若抱着"铁饭碗"，不关心读者是否到馆、到馆后能否借到需要的图书等问题，甚至滋生出希望读者越少越好的错误观念，对图书馆的发展是极为不利的。一个称职的图书馆馆员应该努力上进，充分利用珍贵的文献信息资源，不断充实自己，增强自己的职业素养。具体应做到：一是加强业务与思想两个方面的教育，不断更新观念，端正服务态度，在工作中学习、总结，全面提高综合素质；二是外借服务时要增强主动服务的意识，在日常的工作中积累知识，当读者来咨询的时候，能够快速准确地进行解答，同时还应该主动了解读者的心理和需求。

馆员还应该以良好的形象为图书馆加分，在与读者相处的时候和蔼可亲，用微笑服务传递友好的态度、展示工作人员的良好形象，为读者创造一个轻松自由的交流环境。还要注意自己的着装，以一个端庄大方的形象为读者服务。

4. 创新服务项目

由于中小学图书馆的开馆时间有限，学生在校时间也有限，很多读者不能在有限的时间内阅读完自己所借的图书，也没有充裕的时间到馆办理续借手续，所以学校图书馆应该本着方便读者的目的进行服务项目的创新。图书馆可以利用自动化系统、移动互联网和移动客户端技术开展网上续借、网上阅读。这样可以节省读者的时间，免除读者为续借特意跑一趟图书馆的麻烦；还可以让读者足不出户就能浏览到自己想阅读的书籍，在网络上进行读书心得的交流。一举多得。

（二）阅览服务

阅览服务是图书馆提供阅览环境及相关设备，供读者在馆内利用文献的服务项目，是图书馆传统的主要服务方式之一。阅览服务的特点是：文献资料周转快、利用率高；馆员有更多机会接触读者，了解他们的阅读需求和阅读效果，便于有针对性地开展阅读辅导等服务。

阅览服务是图书馆服务工作的核心内容。与图书馆其他服务相比，阅览服务具有以下特点：

1．提供安静优雅的环境和良好的设施

图书馆、阅览室、研读室等场所有宽敞的空间、舒适的桌椅、适用的设备、明亮的光线，在学校众多的学习场所中广受学生读者的喜爱，浓郁的学习氛围能够感染进入其中的师生。

2．配置了丰富的文献资源

阅览室配备了各种文献资料，包括许多图书馆不能外借的图书文献，如期刊、工具书、二次文献、特种文献、珍善孤本、手稿典籍等。这对渴求知识的读者来说，具有极强的吸引力。

3．灵活便利的使用方式

读者可以直接使用阅览空间内的文献资料，按个人实际需要自由选择其中的篇章、段落、数据、图表等内容。读者除了可以利用传统的纸质资源外，还可以利用馆内提供的数字设备，进行数字化阅读。因此，无论对于哪种类型的读者，图书馆都可以提供极为灵活便利的使用方式。

4．与馆员充分交流

读者利用阅览空间进行阅读学习，具有时间多、周期长的特点，使馆员有较多的机会接触他们，便于系统地观察和了解他们的阅读需求、阅读倾向和阅读效果，从而更有针对性地进行图书推荐、阅读指导与参考咨询等服务。

三、参考咨询

参考咨询是图书馆帮助读者检索文献和搜索信息的服务方式。馆员针对读者提出的问题，利用参考工具、检索文献及有关书刊，帮助读者查寻或向读者直接提供有关文献及文献知识、文献线索，通过个别解答的方式为读者服务。

（一）参考咨询的类型

中小学图书馆的读者咨询的问题多种多样，大体上可以划分为事实型咨询与专题型咨询两种。

1．事实型咨询

事实型咨询是指读者在教学或学习过程中遇到困难时，要求图书馆帮助查找文献以查明问题的事实性内容的咨询。事实型咨询内容具体明确，是知识性的咨询。对于这类咨询，图书馆员一般可以及时给予口头解答。对较为复杂的内容，还可以通过为读者提供索引、书目等帮助其查找。

2. 专题型咨询

专题型咨询是指中小学师生在教学或学习过程过中提出的较为复杂，涉及学科内容较为专深的问题。这类咨询问题大多是教师为解决其所遇到的研究问题，向图书馆提出的，要求查找某一专业或课题的文献资料。馆员应当根据问题所属学科范畴进行认真分析，找出关键问题，通过进一步思考找出解决问题的方法。

（二）参考咨询服务的形式

中小学图书馆馆员在日常工作中，不但要对馆藏资源进行开发和利用，还要通过对馆藏资源的了解，运用自身参考咨询服务的知识与技能，为读者提供教育、教学、学习、科研各方面所需的文献资源。一般中小学图书馆开展参考咨询服务有以下几种形式：

1. 专题书目与索引

专题书目与索引是指围绕某一学科或某一课题专门编制的目录、索引。中小学图书馆可以根据师生的不同需要进行相应的专题服务。

2. 定题跟踪

定题跟踪是一种根据读者需求，定期不间断地将符合读者需求的新信息传送给读者的服务模式。主要是针对读者的某个特定课题，馆员系统、全面地为读者检索文献资料，定期为读者提供对应的专题信息。定题跟踪在一定时期内对用户的课题研究进行全过程跟踪，同时对其服务效果进行定期回访。定题跟踪具有针对性、及时性和有效性的特点。

3. 三次文献

三次文献是指选用大量有关的文献，经过综合、分析、研究而编写出来的文献。它通常围绕某个专题，利用二次文献检索搜集大量相关文献，对其内容进行深度加工，是对现有成果加以评论、综述并预测其发展趋势的文献。属于这类文献的有综述、述评、进展、动态等。在文献调研中，读者可以充分利用这类文献，在短时间内了解所研究课题的研究历史、发展动态、水平等，以便能更准确地掌握课题的研究背景。

中小学图书馆可以通过对教学研究课题进行全面、系统、深入的分析与研究，对有关的文献资料进行高度浓缩与加工，编制三次文献供本校师生使用；同时还可以对专题文献的动态信息进行跟踪，深入分析其代表著作、争论焦点以及学术前沿等，并对其发展趋势加以预测，为读者发掘其潜在的价值与深层次的内涵。

（三）馆员做好参考咨询服务应具备的素质

在新的教育改革形势下，中小学图书馆所要提供的参考咨询服务更加复杂，对馆员的素质也提出了更高的要求。馆员除了应具备图书馆专业知识外，还应熟练地掌握其他学科的相关知识，有较高的文献信息检索水平、熟练的咨询服务能力等。具体包括以下几个方面：

1．掌握教育教学知识

中小学图书馆馆员应当具备教育教学方面的知识，对教育改革方面的信息、学科信息具有较强的敏感性，能够及时捕捉相关信息。尤其随着新课改的逐步深入，各学科之间的交叉、渗透无处不在，师生的咨询问题也呈现出复杂化与多样化的特点。这就对中小学图书馆的馆员提出了更高的要求，他们只有具备教育教学方面的知识，才能够为师生提供更具有针对性的参考咨询服务。

2．数字化资源的开发与整合能力

随着网络信息的爆炸式增长，中小学图书馆也开始提供数字化资源。数字化资源服务的开展要求具有较高的信息资源开发与整合能力，其中信息资源开发既包括网上信息资源的开发，也包括对馆藏资源的开发。中小学图书馆的馆员除了应当具备较为丰富的学科知识之外，还应当掌握网络技术、计算机技术，对电子出版物、网络信息资源等具有较强的开发与整合能力，为师生提供有价值的科研信息。

3．较强的反应与应变能力

中小学图书馆所提供的服务日益现代化，参考咨询工作也由原来的讲究数量逐步向提高质量转型，从传统的单向思维逐步向多向思维转变。这对馆员的反应与应变能力提出了较高的要求，要求其具有较强的理解能力、创新能力、口头表达能力和写作能力等，应当从诸多方面对其思维能力进行锻炼与培养，从而形成较强的反应与应变能力。

4．教科研能力

中小学的教科研课题一般是围绕某一方面的内容开展的，学术性与专题性较强。因而中小学图书馆要想做好参考咨询服务，为师生的教科研提供帮助，就必须掌握较强的教科研能力，在做好事实型咨询服务的同时，还应当做好教科研方面的情报分析及文献研究等工作。中小学图书馆馆员应当适应形势的发展，不断丰富、完善自身的知识结构，为促进中小学教科研的发展提供高水平的参考咨询服务。

参考咨询服务是新课改教育形势下中小学图书馆进行各类文献信息及其使用方法等方面宣传的一个重要手段，是为读者不同类型的需求服务的。只有不断发展与完善中小学图书馆的参考咨询服务，才能不断推动中小学教育教学的进一步发展。

第三节　新时期读者服务工作的发展趋势

随着技术的高速发展和普遍应用，当今社会已经进入移动互联网时代，移动互联网为人类创造了一个全新的信息环境。移动互联网的应用，使中小学图书馆读者服务工作发生了翻天覆地的变化。如何适应移动互联网环境下的信息变革，深化和拓展图书馆读者服务工作，是图书馆读者服务工作面临的重要课题。

一、移动互联网的特点

移动互联网技术基于移动通信网络平台，通过手机或其他移动终端实现信息的双向传播。传播的信息内容可以是文本的，也可以是图片、音频、视频等多媒体信息。移动互联网信息服务能够使人们随时随地地传播和获取信息。

（一）以手机或其他智能设备为终端

移动互联网的信息服务是基于移动通信网络平台，通过手机或其他移动智能设备来实现的，它和一般的互联网是不同的。通常所说的互联网是以因特网为平台进行信息传播，以电脑为终端载体。使用笔记本电脑也可以实现无线上网，但它不是移动互联网。移动互联网是以移动通信运营商的移动通信网络为平台的，手机是目前最常见的移动终端。

（二）信息传播的即时性

以手机为主要终端的移动互联网信息服务得益于移动性特征，在信息的传播上不受时空的限制，具有随时随地的特点。用户可以按照自己的需要及时接收和发送信息。这种特点可以使用户的碎片时间得到充分的利用。

（三）用户使用的个性化

手机这个特殊移动载体的私人化特点可以使信息服务精确到每个人。这种精确性特点强化了移动互联网信息服务的个性化特征。同时大量的应用软件厂商利用其技术，对用户的使用行为进行大数据分析，可按用户个性化的使用特点选择信息进行推送，做到差异化服务。

即时性和个性化服务是移动互联网信息服务的本质特征。基于这些特征，移动互联网的发展彻底改变了人们的生活方式，手机等移动终端也成为人们日常生活中必不可少的信息传播工具。

二、移动互联网环境下读者阅读行为的特点

中国新闻出版研究院发布的最新全民阅读调查报告显示，读者同时阅读纸质资源与电子资源的比例已经超过 50%，"90 后""00 后"读者经常付费购买电子资源的比例超过 80%。由此可见，随着移动互联网的发展，青少年读者的阅读行为发生了很大的变化，并呈现出一些新的特点。

（一）个性化阅读

随着技术的发展，读者希望利用移动互联网并通过各种技术进行信息传播。在专业信息获取方面，读者更希望互联网能够对海量的信息资源（其中包括文字、图片、音频、视频等资源）进行整合，并根据自身的浏览习惯，智能地为自己过滤掉不需要的信息，提供最符合需求的信息。

（二）碎片化阅读

在阅读时间的选择上，读者希望能够随时随地利用碎片时间，自由快捷地传播和获取信息，信息资源的交流畅通无阻。

（三）移动化阅读

新技术使得传统文本与多媒体信息集成在一起，使读者实现了超文本的阅读。互联网阅读将多种阅读类型融为一体。与传统阅读相比，互联网阅读内容获取便捷、信息量大、感官效果好，信息的转换和选择更为方便。这是移动互

联网环境下阅读的优势。

（四）自主化与社交化阅读

读者希望可以自由地获取所需信息，满足其阅读需求。同时随着社交媒体的兴起，读者还希望在网络上分享自己或他人的情感、价值观，满足他们的社交需求。

三、移动互联网为中小学图书馆带来的机遇

移动互联网的广泛使用给传统图书馆的读者服务工作带来了挑战，同时也为中小学图书馆数字化发展带来了全新的机遇。

（一）提高图书馆形象

中小学图书馆可以通过网络宣传，及时发布资源与服务动态信息，使读者及时了解并获取，有效提高其在读者心中的地位，并扩大影响力。同时学校图书馆利用专业资源和服务优势，通过读者在移动终端安装的应用程序，满足师生随时随地利用碎片时间享受更方便、快捷、直接的服务的需求，增强与读者的互动，增进与读者的关系。

（二）移动化、自助式的阅读体验

随着移动互联网的发展，图书馆移动服务成为读者必然的选择。图书馆自动化系统厂商纷纷推出了针对读者需求的移动应用平台。移动应用平台的主要功能是支持移动设备对图书馆馆藏、读者个人的图书馆账户信息的查询，并可支持移动设备实现图书的预约、续借等功能。

（三）自由便捷的资源应用

移动图书馆是顺应数字图书馆发展趋势，在移动空间实现图书馆的各项服务的新数据平台，可以为移动读者提供数字化多媒体资源。一般中小学图书馆在数字化资源的自主建设上能力不足，因此可以采用购买厂商成品商业数据库和由厂商协助建设特色馆藏资源的方式进行。对于各类数字化资源，读者可以

通过移动设备浏览和下载，随时随地按照规定使用。

四、新技术环境下图书馆服务工作的变化和应对方法

（一）读者服务工作的变化

面对全新的技术环境，中小学图书馆读者服务工作与之前相比发生了巨大的变化。在探讨应对的措施之前，需要先了解目前图书馆读者服务工作的变化情况。只有根据变化情况，才能分析出其发展趋势。

1. 服务方式的变化

在移动互联网时代，读者可以不受时空的限制，通过移动终端轻松地获取所需的各种信息，方便快捷地浏览和下载文本与多媒体信息。移动互联网为读者服务工作提供了一种快捷的、跨时空的新型服务方式。传统图书馆静候读者入馆、日常借还的服务方式已经不能适应现在的读者需求。中小学图书馆需要改变服务工作的方式，拓展服务领域和内容，适应全新环境的变化。大部分中小学图书馆已开始使用计算机设备，建立供读者使用的查询系统。有条件的图书馆还开展了网上预约、续借等服务项目。

2. 服务需求的变化

传统的图书馆以为读者提供纸质资源服务为核心，注重读者群体数量与到馆数量的建设。读者的查询需求只能通过到馆查阅的方式来实现，图书馆服务工作和读者阅读需求均受到一定范围的限制。在当今的网络环境下，读者的需求发生了根本性的转变，已经不只是满足于图书馆提供的一本书、一篇文章，而是希望能获得更加全面、有针对性的知识信息服务。图书馆的服务内容也随之发生变化，从只提供纸质资源向提供多种介质资源转变。

3. 技术方法的变化

传统图书馆采用手工操作，无论是采访、编目、典藏、阅览，还是参考咨询工作，都是以纸质目录卡片为载体，全部工作都是手工操作，服务工作更是靠劳动密集型方式来实现，在日常开馆期间需要大量的工作人员。随着技术的发展，图书馆工作已转变为自动化、网络化智力密集型工作。随着新技术服务的应用，图书馆服务的手段也在不断增加。技术的发展和设备的应用大大提高了图书馆的工作效率。

4．服务模式的变化

在移动互联网时代，图书馆服务工作由之前的封闭型转为开放型。通过移动互联网技术，图书馆读者服务工作在空间上不只局限于馆舍空间内，时间上不只局限于日常的开馆时间。图书馆的非到馆读者数量大大增长。

（二）读者服务工作的应对方法

1．开发并使用移动服务平台

由于自主开发移动服务平台的能力有限，中小学图书馆可以先期调研读者的使用需求，向厂商提出具体要求，采用通行标准，开发和使用移动服务软件。在应用软件正式投入使用前应进行各种测试，在投入使用后还需要对各类型读者进行跟踪调查，及时收集读者反馈意见和建议，并对应用软件加以完善。

2．转变服务理念与模式

为适应新技术环境下读者对各类信息资源的需求，中小学图书馆需要转变服务理念，创新服务模式。图书馆不仅要针对移动互联网用户推出服务，还应注重移动图书馆服务与实体馆藏资源的有机结合。例如利用 RFID（射频识别）的图书定位技术，提供更加精准的资源定位服务，建立立体图书馆馆藏地图，方便读者获取馆藏资源。

3．整合资源，提供便捷服务与最新资讯

在移动互联网环境下，图书馆移动服务的实现，在很大程度上取决于其能否对馆藏资源、各类数据库资源和云共享服务资源进行一站式的统一检索。因此，建立移动服务平台体系，必须依托图书馆自动化系统、公共查询目录、数字图书馆资源、一站式搜索系统等的高度集成，并不断优化，使读者能在统一的平台检索到所需资源，并能便捷利用各种资源，享受各项服务。资源和服务内容发生变动后，图书馆移动应用平台上应能够实时更新内容，保证随时随地给读者提供最新资讯和便捷服务。

4．开展丰富的阅读推广活动

中小学图书馆应重视宣传与推广活动，可以组织学生志愿者团队，根据不同的服务内容，确定不同的主题，以讲座、读者互动等形式多样的活动开展馆藏资源与服务的推广。不仅可以利用宣传海报、学校广播站、校报等传统方式宣传，还可以通过移动自媒体、学校网站、OA 办公系统（自动化办公系统）、图书馆内视频等现代媒体进行宣传。另外，还可以借助电子图书、电子屏阅读器、朗读亭等多媒体设备，在校内设立互动性强的读者体验区，对读者在体验过程中反馈的问题及时予以解决或者提供答复，让读者了解图书馆服务情况和享受便捷服务的同时，加强与图书馆的有效沟通，爱上图书馆，成为图书馆忠实的读者。

5. 增加投入，保障设施设备的建设与维护

中小学图书馆在进行馆藏资源建设的同时，还应投入一定的经费与人员对图书馆各种设施设备进行建设与维护，这是全面开展读者服务工作的保障。图书馆要加强不同数据库间统一检索与统一登录工作的建设，使读者可以获得更加便捷的使用体验；建设大数据平台，将图书馆的具体使用情况直观地反映出来；加强设备的病毒检测与防火墙建设，保护读者隐私数据的安全。只有逐步解决了这一系列技术问题，持续进行系统的升级改造与维护，图书馆才能让读者实实在在地体验到使用的快乐，享受到阅读的乐趣。

中小学图书馆应及时了解各类新技术的发展动态，转变观念，及时创新服务模式，提升移动服务能力，更好地满足读者需求。

第八章

读者借阅

导　语

　　随着中小学图书馆服务设备的现代化、服务资源的多元化，图书馆的服务工作也发生了质的变化。读者在图书馆内能享受到更加高效与便捷的服务，图书馆的科学精神也得到充分的体现。在图书馆的各项服务工作中，文献的借阅服务是最基本、最重要的内容。图书馆的读者借阅工作是以读者为服务对象，以馆藏文献为依托，通过一定的服务方式向读者提供文献资源，以满足读者阅读需要的过程。虽然网络环境已经成熟，但文献的借阅依然是中小学图书馆的主要服务内容。作为窗口的读者借阅服务，图书馆要想把它做好，做出特色，让大多数读者感到满意却并不容易。

第一节　读者借阅服务的现状与发展趋势

一、读者借阅服务工作中存在的问题

（一）服务方式单一，技术落后

经过多年的努力，很多地区中小学图书馆已经在软硬件的配置与现代化设备的应用上取得了很大的进步。但不可否认的是，仍然有相当数量的中小学图书馆，尤其是经济相对落后、基础较薄弱地区的中小学图书馆，仍然以手工借还为主要服务方式。

（二）日常工作繁重，工作量大

相对于图书馆的其他工作，借阅窗口直接和读者接触，处理与读者相关的各项工作，工作繁杂；同时因中小学教学时间安排上的特点，学生入馆时间集中，在开馆期间工作内容繁重。学生读者由于能力问题，在拿取图书后经常不能将其放回原位，导致大量图书错架乱架。为了保证查询检索结果的准确性，提高馆藏的利用率，图书馆就要投入大量的人力来保持架面图书井然有序。

图书馆借阅服务期间，馆员的主要任务是借还图书，为保证图书的利用率，他们要不停地在书架与还书处之间穿梭。随着印刷图书纸张质量的提高，图书的重量与开本也在不断增大，这使得还书上架工作变得更加辛苦。

（三）工作环境差

在很多传统图书馆建筑中，书库内层高较低，加上拥挤的书架与码放密集的图书，书库内通风、采光条件较差。

（四）馆员容易与读者产生矛盾

图书借阅窗口是图书馆与读者矛盾最集中的地方。首先，很多学生读者由于年龄小或处于青春叛逆期，在日常阅览期间不能遵守馆内的规章制度，容易与进行管理和劝阻的老师发生冲突。其次，在具体的借还书过程中，难免有学生因过期或图书污损，与对其进行批评教育或处罚的老师产生矛盾。最后，由于中小学图书馆购书经费相对较少，而图书零售价格不断提高，导致馆内新书的更新率低，读者的阅读需求得不到满足，容易产生不满情绪。

二、新技术的应用使读者借阅工作产生重大变革

随着信息时代的到来，很多中小学图书馆在管理上实现了自动化、网络化。中小学图书馆馆员在专业技能、服务态度、服务质量上面临着全新的挑战。

（一）改变传统借阅方式，提高借还书效率

图书馆自动化、网络化的实现，简化了借还手续，节约了读者的时间。计算机自动化设备的不断升级，使得读者的借还书时间越来越短，给读者带来了较好的使用体验。在全国的中小学图书馆中实行的借阅模式基本可以分为三种类型。

1. 手工卡片

每次读者借阅图书时，均需手工填写借阅信息。这既浪费读者的宝贵时间，同时由于读者之间字体、笔迹不同，又使馆员查询起来费时费力。

2. 条形码技术

读者借阅图书时，只需出示本人读者证与所借阅的图书，馆员使用扫描仪分别读取读者证与所借图书的条形码，在几秒钟内即可完成借阅工作并打印出还期单，用以提示读者还书时间。这种方式在很大程度上提高了图书馆员的工作效率，减少了他们的日常工作量。

3. RFID 技术

RFID 技术，即无线射频识别技术，可通过无线电讯号识别特定目标并读写相关数据，而无须在识别系统与特定目标之间建立机械或光学接触。使用

RFID 技术可一次借还多本图书，无须逐一扫描每本书的条形码，进一步提高了借还书速度。同时图书馆还可以利用 RFID 技术实现馆藏资源的防盗管理，不需要再粘贴防盗磁条。

（二）准确的统计功能

图书馆自动化管理系统中储存了读者完善的借阅记录，可方便馆员或读者查询。对于读者借阅的即将到期的图书，图书馆员可以利用网络进行催还或续借提醒。除日常借还外，图书馆还可以利用系统保存的文献借阅信息，推荐借阅量较多、利用率较高的图书，为图书馆采购工作和读者借阅提供参考；对系统中的读者借阅情况进行排名，对馆藏资源使用较多的读者采取鼓励性措施，激发读者的阅读兴趣。精确的借阅统计为馆员细化管理提供了必要条件，馆员可以根据系统内的各项统计数据分析读者的阅读倾向，调整馆藏结构，加强馆藏建设，提高馆藏利用率。

（三）馆藏资源呈现多元化发展趋势

馆藏资源是图书馆借阅服务的物质保障，传统图书馆为读者提供的借阅资源更多的是印刷型纸质资源。随着计算机技术的不断发展，网络环境下的馆藏资源不断扩充，单一的纸质馆藏资源阅读时代早已终结。电子出版物的出版，数字资源的大量出现，以及携带方便、存储量大的数字载体的使用，新的馆藏载体以纸质文献无法比拟的优越性成为数字时代的馆藏资源。馆藏载体出现较大改变的同时，网络也改变了图书馆馆藏资源的封闭模式，使图书馆资源实现了延伸和共享，将实体的图书馆变成一个个虚拟资源节点，数字图书馆的概念逐渐形成。

（四）实现了网上查询、预约、续借等服务

读者可以使用网络公共检索系统查询自己所需的文献资源以及在馆情况。在借阅图书后，读者还可以使用本人账号和密码查询自己的借还书情况，及时了解自己的图书信息和所借图书的还书时间，对于快到期而未看完的图书进行网上续借。同时，读者还可以对自己感兴趣的图书进行网上预约。读者不需要总到图书馆来，就可以享受图书馆的各项服务。

（五）馆内设置自助设备，方便读者使用

利用条形码、二维码、RFID 等技术，图书馆可以在馆内借阅窗口设置自助设备。读者使用自助设备可以自助外借、归还、续借，以及查询馆藏文献。查询结果可以直接反映全馆各种文献的馆藏情况、文献收藏的确切位置、外借情况等内容。图书馆自助设备既方便了读者选择使用馆藏资源，同时也相对减少了馆员的工作量。

三、新技术条件下读者借阅工作中容易出现的问题

（一）馆藏资源与读者需求的矛盾

在信息时代，读者日益增长的阅读需求同图书馆有效藏书供给不足之间的矛盾依然比较突出。随着时间的推移，一方面学校图书馆藏书数量不断增加，另一方面读者的阅读需求始终无法得到很好的满足。造成这一问题的原因有很多，新出版发行的图书和数字资源数量上逐年增加，图书馆在采购这些馆藏资源的时候，如不加甄别，采购的图书不符合读者的阅读需求，将使图书馆购书经费无法充分发挥作用。近年来，书刊价格上涨幅度明显超过了其他商品。随着尊重知识、加强知识产权保护意识的树立，全民对于新知识的渴求达到了空前的地步，这些因素推动了书刊价格上涨。另外，纸张、劳动力成本上涨也是造成书刊价格上涨的因素；网络数字资源大多要付费使用，这一点也加大了图书馆馆藏经费的投入。大量的图书充实了图书馆馆藏资源，同时数字资源的采购与管理以及在网络环境下开展的各项工作越来越多，给馆员增加了很多工作量。人员编制的不足也大大限制了图书馆资源的有效利用。

（二）图书乱架错架导致的拒借情况

随着中小学图书馆办公系统自动化的全面实行，很多读者遭遇过隐形拒借的情况。隐形拒借是指读者可以在图书馆查询系统中检索相关书刊，但在相关书架的具体位置上却无法获得。造成这种后果的原因有两个方面：

1. 读者方面

在图书借阅过程中，有个别读者不遵守借阅制度，不按照图书馆规定的分类制度进行码放，而是把翻阅过的图书随意插放，致使馆藏图书乱架、错架的

情况比较严重。图书馆制度明确规定了读者图书证不准代借，但是很多读者以自己忘带图书证或者图书证外借图书已满为由，使用他人的借书证进行代借。馆员若将图书外借给他，就容易使其他读者的借阅权利受到侵害。有的人还因图书超期、遗失而受处罚，不仅影响了持证本人的利益，同时也影响了图书馆正常的借阅秩序和图书馆的公信力。上面这些情况的出现不仅增加了图书馆员的工作量，还影响了馆藏图书的正常流通，增加了隐形拒借的图书数量。

2. 馆员方面

在日常工作中，部分馆员缺乏耐心与细心。中小学图书馆易出现集中借还的情况，例如在刚开学期间，会有大量的图书要进行还回操作。很多馆员只图快，不注意显示器上面的借阅信息，条形码或 RFID 标签还没有读出来就认为图书借还工作完成，导致馆藏图书信息丢失，或者因图书借阅状态没有注销致使图书无法外借。很多图书馆员专业素养有所欠缺。一方面，借阅服务工作属于"人性化"范畴的工作，图书馆员在与读者交往过程中，需要和读者进行良好的沟通，而很多图书馆员缺乏对图书管理系统工作原理和具体操作的了解，业务技能生疏，常常造成很多人为的失误。另一方面，他们对读者的咨询工作缺乏"读者第一，服务至上"的理念，对读者的咨询态度生硬或不耐烦。这样就无法满足读者的阅读需求，影响了借阅服务的质量。现在很多中小学图书馆开展了学生志愿者工作。在日常工作中，一些馆员将还书上架工作全部交给志愿者，在志愿者开展具体工作前既缺乏必要的排架知识讲授，在图书上架后又不能及时巡视上架情况，造成错架乱架，使得读者在查询到图书后在具体书架上却找不到相应的图书。

（三）馆员与读者之间缺乏良好的交流

借阅服务的宗旨就是服务读者，传播文献信息。馆员的借阅服务过程本身就是一种文化传播行为。在这个过程中，馆员用自身的行为语言去教育和感染读者，为读者营造良好的借阅环境，馆员与读者之间的交流充满了教育的示范作用。馆员的形象代表了整个图书馆乃至整个学校的文化精神，读者则是这种精神的秉承者。但是在现实的借阅服务当中，很多馆员和读者之间并没有形成良性的互动交流，这样就限制了中小学图书馆文化精神的传播。影响这种良性交流的因素包括两个方面：

1．馆员因素

馆员的水平在一定程度上反映了一个图书馆的服务水平。中小学图书馆馆员水平参差不齐，部分馆员没有相关图书馆工作的教育背景，所以导致图书借阅服务的障碍。馆员水平参差不齐表现在：

（1）专业文化素质不高。网络化时代，具有现代服务理念、掌握现代服务方式的人员严重缺乏，部分馆员科研能力明显不足，缺乏相应的专业基础和学习能力，在对读者的借阅服务工作中不能起到很好的引领作用，有的馆员甚至无法满足读者提出的阅读服务需求。

（2）产生懈怠心理。中小学图书馆馆员大多从事图书整理和流通工作，日常工作多是重复性的，这使部分馆员产生了懈怠心理，在对待自己的工作和与读者交流的过程中，出现了倦怠行为。上班时间聊天、玩游戏、看电影逐渐成了一些馆员在工作中的常见行为，懈怠心理影响了借阅服务工作。

2．读者因素

网络化时代，伴随着各类信息资源的出现，读者获取信息的环境得到了很大的改善，阅读方式也不再是单一的纸质阅读。在这场变革中，网络成为一种新的服务平台，但在网络环境下，新技术的发展也带来了新的困扰：网络技术在构建出前所未有的个性化自由传播空间的同时，也相应地制造了更为直接和严重的干扰，这其中包括虚假信息、危害公共安全信息、恶意病毒信息等信息的干扰。对于这些网络信息，很多处于中小学阶段的读者不具备分辨与甄别的能力，所以也给图书馆借阅服务带来了负面影响。读者对图书馆资源的认识利用水平也参差不齐，给图书借阅服务工作带来了新的问题。另外，有的读者在利用馆藏资源的过程中，在不了解图书馆现代化设备的操作方法和图书馆借阅制度的情况下，随意使用设备，导致设备发生故障，影响了正常的工作秩序，给借阅服务工作增加了困难。

四、新时期读者借阅工作的新举措

针对前面提到的新时期图书馆借阅服务过程中出现的问题，必须进行服务创新，服务创新是解决问题的有效方法。服务创新意味着在遵循图书馆借阅服务的自身规律的前提下，树立更加贴近读者、更加人性化的服务理念，采用更加个性化的服务方式。

（一）加快数字资源建设，充分发挥图书馆志愿者的作用

现阶段，中小学图书馆服务要想使读者满意，仅仅提供原有的纸质文献资源是远远不够的。因此，图书馆需要从单纯文献管理向开发知识信息转变，实现从"以书为本"向"以人为本"的转变。加快数字化资源的建设，方便读者使用。具体来讲，就是使图书馆馆藏资源从印刷型向数字型转变。根据中小学图书馆馆员的实际情况，可以选择成熟的资源提供商，根据本馆读者的实际需求，配置相应资源。在图书资源的借阅服务方面，除了要对馆藏资源进行完善之外，还要不断壮大图书馆志愿者服务队伍。依靠现有的图书馆员对馆藏图书进行管理和借阅服务是远远不够的，建立和完善学生志愿者队伍可以有效缓解这方面的压力。不仅如此，学生志愿者因为来自于读者，他们提出的一些意见和建议可为借阅服务工作提供很好的参考。图书馆在对学生志愿者的培养过程中要做好以下工作：

（1）志愿者上岗前的专业培训。图书馆借阅服务工作的对象是读者，服务内容是馆藏文献，这两个方面的共同特点就是数量比较大。因此，图书馆借阅服务工作就需要非常耐心细致的工作人员才能胜任。学生志愿者在入职之前，要进行认真仔细的培训，以熟悉图书馆借阅制度，能熟练使用图书馆借阅服务软件。不熟悉业务的学生志愿者会给借阅服务工作增加难度，这一点是要避免的。

（2）与学生志愿者交流，发现读者中存在的具体问题，及时解决这些问题。同时对学生志愿者，要在政策上给予适当的鼓励。

（二）转变服务理念，加强业务学习

图书馆应推动服务创新，力求把服务的重心放在对知识的挖掘、整合上，促进知识的传播。馆员因此需要在服务理念上进行创新，包括以下两点：

（1）个性化的服务理念。所谓个性化服务，是指充分考虑读者的个人特点和特殊的阅读需求，为读者提供个性化的信息环境，努力通过现代化信息技术满足读者个性化的需求。

（2）信息化的服务理念。开展信息化服务是现代图书馆发展的必然趋势，多媒体信息将成为读者阅读需求的主要资源，读者可以在不同的时间、地点选取信息并加以利用。

信息资源的出现，使与之相伴随的信息化服务方式也变得触手可及，资源

共享和个性化应用成为可能。在这种网络环境下，馆员的知识结构需要不断地完善，才能适应这一变化。在借阅服务过程中，知识和技术的含量越来越高，单纯依靠人工的服务方式已经成为过去，智能化的服务方式呼之欲出。馆员不仅要有较高的专业知识和业务能力，还要能够熟练操作计算机和其他现代服务设备，在与读者交流过程中，要有良好的心理素质和较强的沟通能力。馆员除了要提高自身的业务素质之外，还要养成阅读图书的习惯。馆员读书能够使知识成为一种信息，其传播的广度也在延伸。在对读者服务方面，要具有独特的评判力，这样图书馆员的借阅服务价值才能在本质上得到提升。

（三）实现与读者的良好沟通

图书馆借阅服务的工作方式是馆员与读者的交流与沟通，要本着尊重人、发展人的原则进行。馆员与读者都应遵守共同的原则和规范，在人性化的服务中进行沟通。在借阅服务中，作为馆员，应该坚持"读者第一""服务至上"的宗旨，保持良好的心态，用共同的规章制度和道德规范来做好读者服务工作。对于读者，在借阅服务中要尊重馆员的人格和劳动成果，把对馆藏资源的利用和对馆藏服务人员的尊重提高到自身修养方面上来。在遇到问题的时候多进行交流，以馆员优质的服务和读者的最大满意度为标准。在沟通方式上，除了传统的言语和身体语言外，还可以通过网络的形式采用留言或者发邮件的方式进行。对于比较有代表性的问题，可以采用群聊的方式来进行意见征集和群体讨论，把沟通和交流扩展到网络环境当中，为更好地进行沟通交流创造良好的平台。

五、读者借阅工作中的读者隐私保护问题

在2018年教育部颁布的新版《中小学图书馆（室）规程》第四章总第二十二条中明确规定："（图书馆应）妥善保护师生个人信息、借阅信息及其他隐私信息，不得出售或以其他方式非法向他人提供，保障信息安全。"随着网络、现代化系统与设备的应用，图书馆借阅服务中必然会涉及读者的个人隐私。如何保护读者的隐私权成了一个非常重要的问题。

图书馆一方面要给读者提供更多、更便利的服务，另一方面要加强馆员自身责任感与使命感的培养，做好保护读者隐私工作。

（一）借阅服务中涉及的读者隐私

1. 馆内自由活动的隐私

馆内自由活动主要是指读者按照个人意愿使用馆内资源，享受馆内服务。随着开架借阅服务的开展与科技的进步，很多中小学图书馆配备了视频监控和防盗设备。这些设备对防止图书的损坏与丢失有着重要的作用，但也使读者在馆内的自由活动受到一定的影响。馆员在无正当理由的情况下，不得将馆内监控视频随意复制或传播。当遇到读者带书外出触发防盗设备时，也应采取合理手段加以制止，不得随意搜身，尤其注意与异性读者的肢体接触。

2. 读者信息的隐私

读者信息的隐私主要是指读者在图书馆中利用馆藏资源和服务时产生的隐私。主要包括以下几个方面：

（1）图书证及身份认证方式。图书证上一般都会有读者的姓名、照片、身份证号、学籍卡号、教育 ID 号、性别、入学年份、年级、班级等内容。这些内容都属于读者的个人隐私。馆员应叮嘱读者妥善保管图书证，不要遗失或借给他人使用。随着技术的进步，现在有一些图书馆使用指纹、人脸识别等生物技术进行读者身份认证，系统均会预先保存读者的这些信息用以比对，这些信息也属于读者隐私，馆员不得随意复制。

（2）读者馆内借阅记录。在借阅服务中，一般会产生两类读者借阅记录：一种是读者阅览记录，即读者入馆后在入馆阅览界面进行身份认证识别；另一种是外借图书时进行身份认证识别。这两类数据都会被记录在系统内，即使读者没有外借图书，在入馆阅览中也会记录读者信息。读者经常什么时间来图书馆、借过哪些书等都会被系统一一记录。

（3）借阅统计数据。在大数据技术迅猛发展的今天，图书馆查询系统可以随时查询读者的借阅记录，并通过系统强大的统计分析功能，对借阅信息进行数据整合处理，生成不同类型的统计图（表），直观地反映出图书馆借阅服务中的各项数据。

通过对流通记录的分析，不仅可以得到读者的信息，馆员的工作日志信息也会一览无余。

图书馆工作与对读者个人信息的利用是分不开的。因为图书馆需要通过对读者类型、性别和年龄等信息的收集、分析来实行满足不同读者需求的服务方式，以提高服务质量。但是在这一过程中容易产生泄露隐私的问题。

3. 读者个性化服务中的隐私

很多中小学图书馆开始实行个性化的服务方式，倡导给读者尤其是重要读者提供主动的、个性化的服务。图书馆在开展读者服务工作中要体现本馆的特点，更重要的是向不同的读者提供满足其阅读需求的服务。在满足读者个性化需求方面，首先要以读者对于图书馆的使用情况为依据，根据读者的使用行为、爱好、习惯和个性来满足其个性化需求。在这个过程中，一般会分析读者的借阅记录，判断读者的阅读兴趣，从而主动地向读者推荐相关图书。同时随着技术的进步，利用用户画像技术，在读者使用图书馆查询检索系统或进行数字阅读时，通过软件记录读者的使用情况，最终获得读者的阅读诉求。但为了完成这一系列的读者个性化服务，需对读者在实体图书馆与数字图书馆的使用情况的综合记录做分析并得出读者的阅读倾向，这一过程必然会涉及读者的个人隐私。对于这方面的数据，图书馆应妥善保存，不得传播。

（二）为什么要保护读者隐私

读者在图书馆活动期间，如果感到隐私受到了侵犯，就会对图书馆的总体环境产生不满情绪，甚至不信任感，这将不利于图书馆今后工作的开展。

图书馆的一切工作都应以读者为中心，围绕着读者开展。但中小学图书馆在长期的发展中，并没有将读者的权益明确地规定下来，所实行的规章制度也往往以方便管理、规范读者行为为主，造成读者权益得不到应有的认识和保障。加强对读者隐私的保护是对读者的尊重，体现了图书馆对读者负责任的态度。对读者隐私的保护和尊重有利于图书馆建立与读者的平等信任关系，拉近与读者间的距离，使更多的读者愿意来到图书馆，放心地使用馆内的各种资源。

（三）保护读者隐私的具体措施

1. 加强馆员的职业道德教育

中小学图书馆要加强对馆员的职业道德教育，使其自觉遵守职业道德规范，增强隐私保护意识，维护图书馆系统内的隐私安全。

2. 加强读者保护个人隐私的意识

图书馆应通过对读者的教育来告知他们借阅服务信息含有个人隐私，如果泄露会带来何种危害，提示读者如何保护自己的隐私不受侵犯。可将保护个人隐私教育纳入学生读者入馆教育之中。

3．保护各项记录的安全性

图书馆应加强技术防护，如安装防火墙、杀毒软件，防范网络黑客对图书馆系统的破坏。

4．设置不同权限

图书馆应在借阅管理中对不同使用者规定不同的权限。为了工作需要，不同功能对不同使用者开放，防止馆员或读者随意查阅别人的借阅记录，随便分析别人的借阅历史。

第二节　读者外借服务

图书馆读者外借服务是借阅服务工作的基本方式之一。外借服务的主要目的就是通过外借形式将馆藏文献出借到读者手中，方便读者在馆外的时间使用馆藏资源，充分发挥馆藏文献传播科学文化知识的作用，满足读者不断增长的阅读需求。

外借服务解决了读者阅读上的诸多不便之处。由于图书内容多、篇幅长，一般不可能一次性读完，有些读者因为学习、工作也需要经常使用某些图书。另外中小学图书馆空间有限，阅览座席数量不能完全满足师生的需求。外借服务既满足了读者在阅读与使用上的需求，也弥补了图书馆条件与设施上的不足。

一、外借服务的类型

根据图书馆服务对象、外借方式等的不同，外借服务可以分为以下几种类型。

（一）个人外借

个人外借是图书馆外借服务中最主要最常见的服务形式，主要指读者依据图书馆发放的图书证或其他身份识别方式，以个人读者的身份在馆内借阅处或自助设备处办理相关手续外借所需馆藏文献。图书馆可以按照读者身份、馆藏文献的类型、馆藏地点设置不同的借阅权限，以满足读者的不同需求。

（二）集体外借

集体外借就是以集体读者名义从图书馆外借馆藏文献的一种形式。集体读者按图书馆的规定由不同集体的负责人到馆办理集体图书证，由专人代表集体向图书馆外借批量馆藏文献，以满足集体读者的共同阅读需求。集体外借与个人外借不同，这种形式一次外借的文献数量大、品种多、周期长。这就使得图书馆对于集体外借图书的册数、种类、损坏或丢失赔偿方式等要有明确的规定，同时还应经常性地检查读者的使用情况，以免造成不必要的损失。集体外借一方面方便了有共同需求的读者群体，使图书馆有计划地分配有限的馆藏资源；另一方面，集体外借的读者相对固定，便于图书馆借阅管理。

（三）馆际互借

馆际互借是指图书馆之间互相利用对方馆藏来满足本馆读者的需求，它是图书馆资源共享的形式之一。

1. 开展馆际互借的优点

开展馆际互借可以满足读者更多的阅读需要。中小学图书馆由于受到经费、人员与馆舍空间的限制，在馆藏资源的储备上不可能做到广泛全面。对于教师在教育教学中急需而本馆无收藏的文献，可以借助其他图书馆的馆藏资源，通过馆际互借的方法，满足本馆读者的需求。这种形式既满足了本馆读者的需求，又减少了拒借率，同时充分提高了文献的利用率，体现了资源共享的精神。

2. 开展馆际互借的条件

首先，要与相关图书馆建立协作关系，各馆之间相互支持，相互帮助，共同遵守各馆之间制定的馆际互借制度。

其次，要了解协作馆的藏书类型和特点，建立统一的公共检索系统，使读者可以方便地查询到各协作馆的馆藏资源，并能及时办理馆际互借手续。

3. 开展馆际互借的规则

开展馆际互借的各协作馆之间需要在建立协作关系时签订协作协议，对文献借阅的范围、办法等作明确的规定。内容包括：馆际互借各方的权利与义务；馆际互借的服务对象；文献的借阅时间、范围、数量，以及文献过期、损坏、丢失的惩罚措施；馆际互借的具体手续及传递方式。

由于馆际互借的文献一般比较稀有，不易获得，所以图书馆的馆际互借工作应由专人负责，防止在馆际互借过程中造成文献的损坏或丢失。

（四）预约借书

预约借书是指读者向图书馆预约登记某种需要借阅但暂时借不到的文献，待该文献归还或上架后由图书馆按预约顺序通知读者到馆借阅。预约借书可降低文献拒借率，满足读者的特定需求。

（五）馆外借书

馆外借书是采用馆外开放书架、班级图书角、流动书车、送书上门等形式，将部分馆藏文献送到馆外，直接在读者身边开展借阅，主动为读者服务的外借形式。馆外借书可以方便不能直接到馆的读者，扩大文献流通范围，密切图书馆与师生的联系，是中小学图书馆尤其是空间有限的学校经常采用的形式。

这种借阅一体化的外借形式不仅充分展现了馆藏，还提升了文献的使用价值，让馆藏文献被有效地利用起来，真正发挥图书馆在学校中的作用。但在实际使用的过程中会存在一些问题：一是图书的乱放问题。尽管在开放书架或班级图书角内会标识图书的分类，但一些学生依然会随意拿取和放回，导致排架混乱的现象。二是图书的损坏与丢失问题。由于图书处于开放的环境中，学生拿取随意性强，导致磨损增加；同时有极个别的人私自留存图书，造成图书的丢失。为了避免这类现象的发生，图书馆一方面要选择有责任心的学生志愿者进行日常管理与巡视，另一方面要加强对学生的教育工作。

二、外借服务的方式

中小学图书馆除了保存社会文化遗产这一职能外，更主要的是能使馆藏文献得到充分利用。因此，文献的外借服务方式是否到位对于馆藏文献能否得到充分利用以及能否使读者利用馆藏更为方便，至关重要。同时，文献的外借服务方式也是影响馆员工作效率的一个重要因素。

文献的外借服务方式一般分为闭架和开架两种方式。

（一）闭架方式

闭架方式是指读者在借阅图书馆的馆藏文献时，不能自己进入书库自由挑选，只能通过查询目录的方式搜索所需文献，由馆员帮助提取并办理借阅手续。我国一些中小学图书馆仍然采用闭架服务方式。闭架方式对保护馆藏文献能起到一定的作用。但随着时代的发展和读者阅读需求的增强，闭架方式的缺点逐渐暴露出来。由于不能直接接触所需馆藏文献，读者只能借助纸质目录或图书馆自动化系统内的查询功能检索，并且需要借助馆员的帮助才能取到文献并办理外借手续。无论是通过纸质目录还是机器目录，读者只能了解文献的表面特征和大概内容，文献的具体内容只有拿到手之后才能真正了解。采用闭架方式借阅文献往往具有盲目性，有些文献拿到手之后，往往和读者的预期不同，造成反复的借还，浪费时间。闭架方式无法满足短时间内大量读者的阅读需求，也会影响图书馆开展其他服务工作。

（二）开架方式

开架方式是指读者在借阅馆藏文献时，可以进入书库自由选择所需文献。开架方式解决了闭架方式中读者不能直接接触文献的问题，方便了读者的选择。这种形式已经成为图书馆外借的主要方式。开架方式具有如下优点：

（1）读者可以直接接触馆藏文献，减少了烦琐的查询流程，节约了宝贵的借阅时间。

（2）读者可以直接接触大量书刊，增大了选择文献的余地，开阔了视野，激发了阅读兴趣。

（3）读者可以直接阅读书刊中的内容，增加图书流通过程中的针对性。特别是对于一些无法通过书名直接了解其内容的图书，开架外借可以大大提高读者选择图书的准确性。

（4）读者能够全面地了解馆藏结构，同时通过读者在馆内的阅读反馈，可为图书馆今后的资源建设调整提供依据。

（5）减轻了馆员找书的工作强度，使他们有更多的时间和精力进行其他读者服务工作。

开架外借在实际工作中也存在着一定的缺点，具体表现为：读者随意拿取，容易造成错架乱架、书刊的损坏与丢失。这要求馆员需经常监督与清点，发现问题及时解决。

开架方式受馆藏、空间与读者数量等因素的影响较大，全国各地中小学图书馆规模和藏书量差异性大，具体使用哪种外借方式可根据实际情况加以选择。但开架方式是目前图书馆的主要外借方式，比起闭架方式更受读者欢迎。教育部 2018 年颁布的《中小学图书馆（室）规程》第四章总第二十条中也明确要求"图书馆应当以全开架借阅为主"。随着科技的发展，开架方式的弊端正在被逐渐解决。因此，中小学图书馆要努力创造条件，实行全面开架借阅，充分满足读者的阅读需求。

第三节　读者阅览服务

阅览服务指的是图书馆利用馆内空间与设施，组织读者阅览馆藏文献的服务方法。阅览服务工作是借阅服务不可或缺的组成部分。

一般来讲，中小学图书馆阅览服务的主要服务地点是阅览室。随着馆藏文献借阅一体化的发展，越来越多的学校图书馆在书库开架外借服务的基础上增加了大量的阅览座席，方便读者使用。

阅览服务与外借服务相比有以下独特的作用：为广大师生提供了学习场所，便于读者使用丰富的馆藏文献，使读者使用文献更便捷，阅览室特殊的环境有利于培养学生的自主学习能力，为图书馆开展读者教育、宣传辅导、书刊推荐提供了阵地。

中小学图书馆的阅览服务也有一定的局限性。如由于学生读者数量多，开馆阅览时间集中，馆内空间有限，经常出现阅览座席供不应求的现象。

一、阅览服务的类型

为了满足不同读者的阅览需要，中小学图书馆阅览服务类型可以通过以下几种方式进行划分。

（一）按出版物类型划分

随着时代的发展，图书馆收藏的文献类型越来越多，而且载体形式也越来越多样。如果将同一出版类型的文献集中于一个阅览空间，就相对容易满足读者查询阅览的需求。

1. 报刊阅览室

报刊阅览室主要陈列现刊和当月报纸。以开架陈列的方式供读者在室内进行阅览。报刊出版周期短、内容新、信息量大、时效性强，便于读者获取及时准确的信息。报刊阅览室是中小学图书馆开设的最主要的阅览室。

2．工具书阅览室

工具书包括字典、词典、百科全书、年鉴、手册、表谱、图录、名录等。读者在学习的过程中，往往会碰到一些知识性问题。为了帮助读者解决这些问题，图书馆收藏了大量的参考工具书。这些工具书一般价格贵、复本少、体积大、重量沉等，一般不外借。将这部分文献集中放在一个区域，便于读者使用。

3．多媒体阅览室

随着网络的普及、计算机技术的发展和多媒体资源的爆炸式增长，多媒体阅览室应运而生。在多媒体阅览室，读者可以利用各类终端设备浏览互联网信息，检索各类网络数据库，阅读电子书，收听音乐和有声图书，观看视频信息，等等。

（二）按读者类型划分

中小学图书馆读者主要分为教师读者与学生读者，两者使用阅览室的时间不同、阅览需求不同。为了更好地开展服务工作，中小学图书馆一般会设立教师阅览室与学生阅览室。由于不同年龄段学生读者在生理、心理、知识水平等方面存在差异，有条件的学校学生阅览室也可以按不同学段再加以细分。

（三）按其他类型划分

阅览室还可以按收藏文献的学科范围、文字种类进行划分。但由于中小学图书馆受馆藏和空间的限制，如无条件可不必专门设置。

中小学图书馆设置的阅览空间可结合本馆读者的实际情况进行划分，不必拘泥于一种形式。阅览室内的文献一般都是开架阅览，供读者自由选择。读者在室内阅读，使用后放回原处。

二、阅览服务的新方式

（一）阅借合一

在传统的阅览服务中，阅览室只提供阅览功能，没有外借服务的功能。学校图书馆要改变传统观念，提高服务意识，创新阅览服务方式，以满足读者的需求为服务原则。学校图书馆应该秉承开放服务的原则，将尽可能多的文献资源对读者开放；同时为了解决馆舍空间有限的问题，可将阅览室与书库相结合，实现功能上的相互补充。对于一些有价值的文献，学校图书馆要实行以馆内阅览为主、短期外借为辅的灵活服务方式，同时对外借人员的权限进行区分和限制，在满足读者借阅需求的前提下更好地保存珍贵文献。

（二）应用新设备

信息技术的发展、海量的信息和互联网技术的应用，为信息检索和知识的深度挖掘提供了可靠的技术保障。中小学图书馆也要紧跟时代步伐，应用文献服务技术和文献服务设备，创新文献阅览服务方式，提高读者的使用满意度。图书馆可以将馆藏 OPAC 系统（公共联机书目检索系统）与网络电子图书全文数据库进行对接，实现馆藏纸本文献和电子文献的深度融合。

（三）丰富阅览活动内容

组织读者活动是拉近读者与图书馆的距离、提高图书馆影响力、提高读者参与意识等非常有效的方法。学校图书馆要注重读者活动的开展，通过丰富多彩的阅览活动吸引读者利用图书馆资源，重塑图书馆在读者心中的地位。学校图书馆要选择热爱图书馆工作的志愿者组建图书馆宣传队伍，让志愿者利用口口相传的方式提高读者对学校图书馆的认知度，增强读者的参与感与对图书馆的认同感。利用中小学教学时间安排的特点，可以开放阅览室，组织开展新生入馆教育、阅读指导课、信息素养课等活动，提高阅览空间的利用率。教师也可以利用办公自动化软件预约阅览室，开展各类活动，减小学校空间有限的压力。

第四节　读者借阅工作中的规章制度

对于图书馆来说，无论其规模大小，都要建立完善的规章制度。读者借阅规章制度的制定，是开展和完成图书馆借阅服务工作的重要保证。只有制定科学、合理的规章制度，才能有条不紊地组织馆藏文献的流通工作，维持图书馆与读者之间的良好关系，保障读者使用图书馆资源的权益，并使图书馆各项工作有章可循。

读者利用图书馆资源，必须遵守图书馆的有关规章制度，如读者入馆制度、读者借阅制度、违规罚款制度等，其目的都是为了规范读者的借阅行为，保证图书馆工作的顺利进行，促进馆藏资源的开发利用。

一、规章制度的制定原则

（1）切实符合本馆实际情况、任务和特点，既要满足读者的阅读需求，也要有利于馆藏文献的保护。

（2）为满足不同类型读者的需求，应确定借阅权限，包括不同的借阅数量与借阅时间；对不同的馆藏文献采用不同的流通方法，既要保证重点教育、教学活动，也要满足一般的学习阅读需要。

（3）明确读者借阅馆藏文献的权利和应遵守各项制度的义务。

二、规章制度的主要内容

（1）明确读者借阅的范围、方法，借阅时间、预约、续借手续的具体规定。

（2）说明本馆借阅流程、流通的具体手续，使读者能便捷地获取馆藏文献。

（3）读者在馆内应遵守的文明公约。

（4）读者在借阅时的注意事项，包括超期惩罚标准等。

图书馆在制定规章制度时既要考虑广大读者的共同利益，又要维护学校、图书馆的利益。在具体实施过程中，不仅要坚持原则、一视同仁，还要对读者进行广泛的宣传教育，使读者能自觉地遵守各项规章制度，协助馆员共同做好借阅服务工作。

三、规章制度中的重点问题

1. 借阅期限

图书馆应规定一个合理的读者借书期限，做到既能提高馆藏文献的利用率，又不会给读者造成太大的负担。借期不能设定太长，因为这样一方面会降低图书的利用率，造成图书资源的浪费，另一方面也容易使读者忘记还书。但是也不能设定太短，借期过短必然会加重读者阅读的负担，使读者在利用馆藏文献时增加续借次数，浪费时间和精力。因此，设定合适的借期对读者来说是十分重要的。针对不同类型的读者和图书，借阅期限要有所不同。

2. 借书违规惩罚

确定一个合适的违规惩罚措施，是读者借阅制度中一项重要的内容，目的在于督促读者不要超期借阅图书以及损坏图书。所以处罚的标准不能太低，否则读者不足以从中受到教育和触动，容易再次发生此类现象；处罚的标准也不能过高，否则读者接受不了，馆员在实际工作中也难以执行。惩罚标准也可以考虑借期的长短，借期长标准可高些，借期短标准可低点。惩罚的目的是加快图书流通，促使读者爱护图书，延长图书的使用寿命。

违规主要包括三种情况：一是借书过期归还，二是在外借过程中图书损坏，三是外借图书丢失。

违规惩罚的方式多种多样，包括罚款、在一定时间内禁止再次外借图书、馆内义务劳动等。中小学图书馆可以根据本馆实际情况加以选择使用。

馆员在执行惩罚制度时，应从信任读者和尊重读者的角度出发，相信绝大多数读者能够自觉遵守规章制度，爱护图书。对少数读者出现的违规行为应仔细了解情况，尊重读者对具体事实的描述，对其进行公德教育，并处以适度惩罚，以避免类似事件重复发生。

第五节　读者借阅中的图书损失问题

随着图书馆自动化软件的应用和开架借阅制度的实施，很多中小学图书馆的业务发展很快。然而在图书馆里，还会有一些损坏、盗窃图书的不文明行为发生。为了防止此类现象的发生，管理者应对这些问题给予高度重视，并采取行之有效的措施，减少图书丢失、损坏等现象。

一、馆藏文献损失的现状

（一）读者外借丢失

这类丢失可以分为两类：一类是非主观的无意识丢失。不少读者对借来的图书保管不善，不小心遗忘在其他地方而被别人拿走；或者不能认真执行图书馆规章制度，为他人借书，他人又未将图书还回，造成图书丢失。另一类是主观占有。有部分读者觉得某本图书出版时间早、版本稀少，图书标记的价格便宜，赔付了丢书罚款后仍然占了很大便宜，所以就会借到书后，直接将书收藏，交罚款了事。

（二）馆内盗窃损失

在开馆借阅期间，极个别读者在馆员忙于工作无暇顾及时，把喜爱的图书从馆中偷盗出来占为己有，或把喜爱的几页撕下夹带出馆。图书精华（比如经典书画作品等）被撕下，大大降低了图书的使用价值。偷书者的手法多样，令人防不胜防。在安装安全门的图书馆，个别读者会趁馆员或志愿者不备将图书磁条或 RFID 标签撕掉，避过防盗设施夹带出馆。

（三）图书馆系统故障

目前很多图书馆实行自动化管理，但如果遇上借阅高峰期，计算机就会因负荷过重而出现运行速度变慢，甚至死机等现象，使得已经借还的图书数据不能准确显示，从而造成借还数据的差错。有时扫描仪识别错误，条形码、二维码不清晰或被人恶意更换，造成读者所借图书因信息识别错误而出现张冠李戴的数据差错。

（四）人为失误或因读者毕业、离职、离世导致图书损失

有时工作人员情绪不佳，粗心大意，业务不熟练，在借阅高峰时将某读者需借的书记录在其他读者的借阅卡上，从而导致图书数据错误。一些学生在毕业时没有归还所借图书就离校的情况也很常见。近些年来教师岗位流动频繁，部分离职教师因种种原因，忘记归还在图书馆借的书。有的教师长期借阅自己喜爱的书，直到退休甚至去世也未将图书归还。

二、馆藏文献损失的原因

学校图书馆外借图书污损丢失现象由来已久，其中的原因多种多样，大体概括为以下几种。

（一）管理者监管不严，奖惩不清

很多中小学图书馆工作人员有限，在开放期间馆内巡视不够。极少数工作人员缺乏爱岗敬业的工作态度与基本的工作责任感，导致监管不严，没有承担起图书污损、丢失的责任；还有个别工作人员碍于情面，对图书污损或丢失情况置之不理。如果工作人员在思想上对图书污损、丢失问题不够重视，馆藏资源就无法得到有效保护，读者的阅读需求也就得不到满足。

（二）读者道德法律意识淡薄

在学校图书馆里，有些读者自我约束力差，是非观念模糊，法律意识淡薄。还有一些处于青春期的学生有着较强的逆反心理，由于在馆内未遵守相应的规章制度而受到管理人员的劝阻教育，为了发泄不满情绪，故意将馆藏文献损坏或偷出。对这些读者如不能及时进行心理与思想教育，可能会给学校图书

馆带来更大的损失。

（三）图书馆设备老化

中小学图书馆实行自动化管理后，很多设备由于未能及时更新，随着长期的使用运行速度变慢，更有甚者出现系统故障，导致在图书借阅过程中出现问题，馆藏文献信息丢失。

三、减少图书缺失的方法

首先，图书馆应制定完善的规章制度，对读者进行思想道德教育，完善图书馆制度化管理。

其次，馆内工作人员应树立爱岗敬业的主人翁意识，增强责任感。学校应做到奖惩分明，将馆员的任用、晋级、绩效考核与图书保护情况直接挂钩。

最后，加强防盗设备的建设，完善自动化管理机制。确保防盗设备的正常运转，完善开馆巡视制度，条件允许的情况下可增设视频监控系统，不给盗书者可乘之机。

第六节　读者借阅工作代表性案例

——记首都师范大学附属中学校园开放书架

一、完善的开放书架体系

首师大附中开放书架体系完善，遍布整个校园，全体师生沐浴于书香之中，随手即可展读和借阅。经过六年多的建设，整个开放书架包括教学楼一到五层区域、成达书院、综合楼书吧、艺术角、宿舍楼、咖啡厅共八十余组书架、一万余册书籍。

为与周围环境相适应，营造和谐高雅的阅读氛围，学校根据各处的特点，将开放书架精心设计成不同风格。在教学楼用一排排原木色木质书架，营造一种满目皆书的书籍长廊的视觉效果；在艺术角用艺术型书架渲染一种优雅灵动的艺术氛围；将"悦读·书吧"着力打造成一个休闲舒适的阅读空间，一个宁静典雅的心灵栖息地。无论在哪一处，都精选了读书名言、书法、山水画等文化元素加以装饰，学生在翻阅图书的同时，也能受到思想的启迪与艺术的熏陶。

　　敢问世间万物，何物乃人类的精神家园？不错，乃书籍是也。它们既有沧桑历史的厚重，又有着酣畅淋漓的轻盈，恰似一个个跃动的音符般沁人心脾。如果说图书馆是端庄大气的乐谱，那么开放书架就是那一行行的旋律，无时无刻不萦绕着身体，温暖着心间。进入走廊，每每注视着一排排整齐的开放书架，我的眼、我的手以及我的心便不由分说地被它们吸引了。如果它们能在每一个同学心底都谱上一首最美妙的曲调，这何尝不是一大幸事？开放书架，妙哉，美哉，善哉，益哉！

　　　　　　　　　　　　　　　　　　——初二（1）班邱奕菲

图 8-6-1 首师大附中开放书架（1）

图 8-6-2 首师大附中开放书架（2）

二、科学的开放书架管理

首师大附中图书馆精心挑选图书，持续更新和补充开放书架，每日认真做好日常维护，保持书架整洁，书籍摆放有序。每一本上架图书都按照严格的加工规则，贴上显示图书分类的黄色侧标、用于区别具体馆藏位置的侧面顶部色标，以及宣传文明阅读的条形背标。每一本书都贴有 RFID 芯片，便于图书馆进行书目检索、盘点和借阅数据的收集等大数据统计。

为便于同学们查找和归还书籍，除了专业的索书号以外，图书馆给开放书架上的书籍设置了一组由字母和数字组成的特别编号，粘贴在书脊的上方，用字母表示存放区域，用数字表示区域内的具体位置，方便学生快速归还、整理图书。

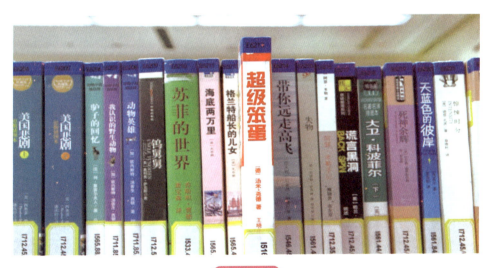

图 8-6-3

每本书封底上都贴有从学生中征集的阅读标语，倡导同学们多读书、爱惜书。

学校设立的开放书架非常方便，让同学们在校园的每一处都能随手借阅图书。每一名开放书架的志愿维护者平时路过看到书放乱了或倒了就整理一下，他们每个课间都喜欢在书架前浏览，看看最近上架的好书。这就是志愿者在与书和开放书架熟悉的过程中，逐渐产生的一种对于它们的热爱。

开放书架不仅让我看到了丰富的书籍，更培养了我爱书、爱读书的习惯。希望开放书架能越办越好，成为每一个同学寻求新知、放松身心的地方。大爱！

——初三（2）班朱梦仪

图 8-6-4

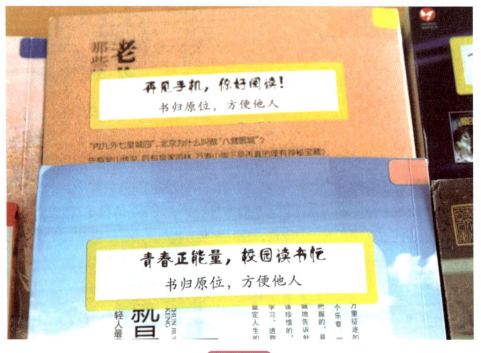

图 8-6-5

三、特色的育人与开架管理相结合模式

　　育人与开架管理相结合，是首都师范大学附属中学图书馆管理的一大特色，是一道亮丽的文化风景。图书馆管理员协会开架三部是一支由初一、初二、高一和高二四个年级同学共同组成的志愿服务队伍，他们由图书馆老师培育和带领，在课余时间学习加工开架图书，认领、更新和维护开放书架，在两年的志愿服务时光中锻炼工作能力，培养担当意识。

图　8-6-6

　　开架三部的同学们制定了轮流值班制度，利用午休时间来图书馆学习图书馆相关知识、加工图书和杂志，整理遍布校园的开放书架。首都师范大学附属中学校长总结道："（开放书架）在引导阅读的同时，也在引导学生自我管理，这些无不充分体现了附中以学生为主体，全员育人、环境育人的教育理念。我们做的不仅有宏观的统筹规划，更有细节的精妙深微；我们追求的，不仅是处处有书香，而且是点点能育人。"

图 8-6-7

图 8-6-8

此外，开放书架管理员们还利用校园广播、手绘海报、问卷调查、开架知识展览和趣味问答等多种形式，长期进行文明借阅开架图书的系列宣传，帮助更多的同学了解校园开放书架使用规则，培养浓厚的阅读兴趣和良好的阅读习惯。

图 8-6-9

　　开放书架为学校营造了读书的氛围，让书籍真正走进了我们的生活。开放书架为爱读书的同学提供了不少方便，也让更多的同学爱上了读书。之前，我的学校没有开放书架，我也很少读书，但现在我基本上一个月就能读一到两本书，收获很多。另外，同学们的素质很高，这也让开放书架的维护变得更加轻松。平时，即使我一周没有整理书架，书也一样排列得非常整齐。开放书架真的是一个很好的创意，希望它能一直传承下去。

——高二（9）班宋语哲

四、阅读文化引领与文明阅读教育

　　为充分发挥开放书架的阅读文化引领作用，推行文明阅读教育，落实书香校园建设，学校深入开展了形式多样、内容原创的开放书架宣传教育。

（1）制作原创开放书架使用指南折页（图8-6-10），供读者参考和学习开放书架图书借阅规则。

图 8-6-10

（2）绘制四幅一组的原创开放书架文明借阅宣传组画（图8-6-11），张贴在各个开放书架上，并在电子屏上滚动播放。

图 8-6-11

（3）制作开放书架文明阅读视频，并在微信公众号上播放，鼓励广泛阅读，宣传文明借阅，促进学生共同维护开放书架，创建共享的优良阅读环境，推动书香校园建设。

图 8-6-12

　　开放书架的存在让孩子们随时随地都可以享受阅读的乐趣。在闲暇时间捧一本书，倚窗悠悠叹，斜阳悄悄洒，是多么享受的体验。开放书架给了孩子们体会幸福感的机会！

——初三（2）班金笑竹妈妈

第九章
读者导读

导　语

　　对处于初等、中等教育阶段的学生来说，读书是一件再平常不过的事了。作为学生，他们天天都在读书，其中读的最多的就是教科书。很多学生，尤其是低年龄段的学生，对阅读并没有真正的认识。他们不知道在课外时间应该读什么书，应该如何正确地读书，如何选择适合自己的图书，如何利用手中的书并发挥其作用。只依赖于课堂上任课教师的知识传授，是无法真正培养学习能力，尤其是自主学习能力的。因此在学校的各类教育教学资源中，图书馆就应该发挥应有的作用，来培养学生的自主学习能力。

　　新课程改革更加强调学生自主学习能力的提升，学生自主学习能力的培养离不开丰富资源的支持。图书馆作为中小学校的文献信息中心，在学生学习过程中扮演着重要的角色。来到图书馆学习，对于学生的全面发展、知识的积累，以及世界观、人生观、价值观的形成都有着重要的影响。

　　图书馆的读者导读服务可以帮助学生培养阅读兴趣，提升信息素养，学会如何利用图书馆；培养正确的阅读方法，掌握获取知识的正确途径，开发智力资源；掌握检索方法，自主地利用相关文献信息解决在学习中遇到的各种问题，最终形成积极主动的学习态度和学习习惯。

第一节 读者导读概述

一、读者导读的含义

图书馆读者导读工作是在读者阅读辅导工作基础上发展和演变而来的，与阅读辅导既相互联系又有所区别，其内容更加深刻，范围更加广泛。

读者导读是指图书馆主动宣传其馆藏资源，在了解读者需求的基础上，将读者便捷地导向其所需文献及内容，对其阅读目的、内容和方法给予积极主动的影响和干预，使读者正确利用图书馆信息资源的教育活动。

中小学图书馆的读者导读工作比其他类型的图书馆导读工作更为重要，这是因为中小学图书馆的主要服务对象是学生，他们的阅读兴趣和阅读能力正处于发展的过程中。因此作为中小学图书馆的工作人员，指导学生阅读的任务更为艰巨。

二、读者导读的特点

读者导读工作有两个特点，一个特点是馆员知识体系的综合性。读者导读工作是馆员与读者共同参与的，读者的阅读需求能否被满足往往是由读者和馆员共同决定的。馆员要时常对读者的阅读行为进行积极有效的干预，这个过程中重要的是倡导决定，即由馆员主动向读者推荐文献信息。这一过程需要馆员拥有丰富的知识结构，只有这样才能在获得读者多种多样的阅读需求后给出有建设性的阅读推荐，并使读者通过相关的文献信息来满足自身的阅读需求。

读者导读工作的另一个特点是选择性。对于同样的阅读需求，往往可以提供不同的馆藏文献来满足，在这一过程中就会出现一个对于文献的选择问题。在读者提出阅读需求到最终获得文献的过程中，首先要核实读者的阅读需求，即弄清读者的知识水平、阅读目的，这样有助于确定向读者推荐相关文献的范围和内容深度；其次是形成多种推荐方案作为选择对象；最后帮助读者确定符合其阅读需求的最佳文献。只有客观地分析读者及其阅读需求，才有可能提高读者导读服务的准确性。因此馆员要对读者的年龄、知识水平、阅读目的、阅读能力要有一个初步的了解和分析，并具备一定的观察分析能力和文献检索的技巧。

三、读者导读服务的意义

对于开展读者导读服务的意义，可以从学校图书馆自身建设和读者个人发展两个角度进行分析。

（一）从图书馆自身建设角度来看，读者导读服务是图书馆工作的重要组成部分

（1）读者导读服务是一种引导读者选择适合自己阅读和学习的馆藏文献，满足个人阅读需求的主动服务方式，是全心全意为读者服务理念的具体体现。

（2）读者导读服务是衡量图书馆读者工作的一个重要标志。导读工作开展得好，一方面能方便读者利用图书馆的馆藏资源，另一方面又能使一批潜在读者转化为实际读者，扩大图书馆的读者队伍。而读者数量和馆藏文献利用率是评价图书馆服务工作的两个重要指标。

（3）读者导读服务是图书馆联系读者的桥梁和纽带。负责读者服务的馆员通过撰写书评、图书推荐等导读文章，向读者进行宣传、推荐和引导，并根据读者的意见和要求，及时调整导读工作，与读者共同努力，促进图书馆工作的开展和提升。

（4）读者导读服务是推动图书馆各项工作的动力。导读服务不仅有利于为读者服务，在馆藏资源建设方面，也便于根据读者的阅读倾向、学科特点，做到更有针对性、实用性。同时也能从方便读者的角度，提供更好的检索手段和检索途径。

（二）从读者个人发展角度来看，读者导读服务是读者学习知识、了解世界的重要途径，是引导他们进入社会的窗口

1. 能潜移默化地提升学生的思想道德水平

学校图书馆是对学生进行思想道德教育的重要园地，在提高学生的思想道德水平方面发挥着独特的教育作用。阅读是学生感悟生活、认识世界的重要手段之一。学校图书馆在这一时期对他们的阅读给予正确的引导，就可以使他们逐渐培养高尚的品德与情操。读者导读是对读者开展思想教育工作的重要组成部分。

2. 可以培养读者正确的阅读方法，掌握获取知识的正确途径

义务教育阶段对中小学生有着大量的课外阅读要求。学校老师和图书馆如果不能进行有效的导读服务，学生在阅读中容易出现偏读、厌读、滥读等情况。图书馆要采取导读服务，帮助学生纠正不良的阅读习惯，掌握正确的阅读方法。同时随着科技的进步，网络上充斥着海量的信息，其中有大量的有害信息与失效、无效信息。图书馆的导读服务能引导读者掌握获取准确知识与信息的途径，减少信息噪声对他们的影响。

3. 能促进读者对所学知识的消化和理解

课堂教学只依靠教材是远远不够的。图书馆如果能根据学校课程安排，提前开展相关内容的导读服务，使读者学会利用文献资料进行知识的预习和复习，就会使课堂教学变得更加轻松。

4. 能帮助读者掌握科学的检索方法，学会有效利用图书馆

读者在提高阅读能力的过程中，所需的文献资料不断增加，这就要求他们学会利用工具书，学会使用图书馆内的检索系统。读者掌握科学的检索方法，不仅有利于他们在现阶段的学习，而且对于今后的继续教育和终身学习也会有所助益。

四、开展读者导读工作的原则

高效的读者导读工作能够激发读者的阅读兴趣，提高读者的阅读能力和阅读效果，指导读者掌握检索方法和技能。在读者导读过程中，必须要遵循相关的原则，这些原则是由图书馆的职能与读者的特点决定的。只有切实遵循这些原则，读者导读工作才能取得预期的效果。

（一）思想性原则

读者导读工作应把坚持正确的政治方向放在首位，要把宣传马克思列宁主义、毛泽东思想、邓小平理论、"三个代表"重要思想、科学发展观、习近平新时代中国特色社会主义思想等重要思想，作为导读工作最基本的思想准则；重视思想方法论的引导教育，以马克思主义的立场、观点、方法来指导读者阅读。

（二）科学性原则

读者导读作为一种对广大学生的教育活动，必须遵循教育方针，以最新的科学成就为基础。贯彻导读服务的科学性原则应当做到以下三点：

1. 注重导读内容的科学性

科学的发展日新月异，知识的更新速度很快，图书馆的读者导读必须与之相适应。导读人员要宣传和推荐反映当代科技水平的优秀作品，了解相应学科或特定范围内的主要著作和最新文献，帮助读者以最少的时间和精力学习、掌握系统的、新的知识，同时还要帮助读者提高对文献质量的识别能力。

2. 提高导读方法的科学性

导读人员要根据读者的不同阅读目的、兴趣、动机与相应的心理特点，认识过程不断向深广发展的规律，循序渐进、有针动性地向读者介绍科学的阅读方法，使读者通过实践学会科学地运用各种手段，不断提高自身阅读能力，改进和完善自己的阅读方法。

3. 关注导读人员自身的科学素养

导读人员的思想政治水平和科学知识水平是正确贯彻科学性原则的决定性条件。导读人员必须以辩证唯物主义和历史唯物主义的观点来开展导读工作，做到尊重科学，努力学习，并在导读工作中自觉地运用科学知识，使导读工作取得预期效果。

（三）针对性原则

由于不同年级的学生有着年龄、知识水平和认知能力等方面的差异，千篇一律的导读难以取得切实的效果。因此，要区分和研究读者的具体情况，根据学生的年龄、知识结构来确定导读的内容和方法。还要针对某一阶段出现的某种阅读热点，根据社会发展的要求以及现阶段的主要任务，对这些阅读热点进行正确的分析，推动积极的读书热潮，纠正读者不良的阅读倾向，引导读者的阅读方向，陶冶读者的情操，帮助读者树立正确的世界观、人生观和价值观。

（四）主动性原则

开展主动服务是新形势下读者对图书馆提出的新要求。图书馆的工作人员不能坐等读者上门，应该积极主动地了解读者的求知欲望和阅读需求，把握读者的阅读动向，帮助读者提高阅读效果。对于读者的一些不良的阅读倾向，应主动进行积极、有效的引导和约束。

第二节 读者导读的类型与内容

一、读者导读的类型

中小学图书馆的读者导读类型可以按不同的标准进行划分。

（一）按形式划分

1. 直接导读

直接导读是指与读者面对面进行交流的导读方式。这种形式需要发挥馆员的主观能动性。直接导读的形式多种多样，包括新生入馆教育、组织阅读兴趣小组，以及根据读者提出的阅读需求给出具体推荐等。

2. 间接导读

间接导读是指不与读者实际接触的导读方式。主要形式是把要推荐阅读的文献的相关信息通过不同渠道展示出来，让读者阅读了解，达到导读的目的。根据导读内容载体的不同，间接导读又可以分为实物导读和虚拟导读。实物导读可以采用图书陈列、板报等形式。虚拟导读可以利用大型显示屏、网站宣传、社交媒体推送等多种方式，展示相关图书及图书推荐文章，展示的内容也比实物导读更加丰富，不再局限于文字、图画。利用数字技术可以进行音频、视频等多媒体信息的导读推荐。利用人工智能技术还可以实现人机对话，使间接导读的交流方式更加趋近于直接导读。

（二）按方法划分

1. 个别导读

个别导读也称为单独辅导，主要指馆员通过与读者个别接触的方式，有步骤、有计划、有针对性地对读者进行导读服务。个别导读的形式包括与读者的单独谈心、对话，帮助读者更好地使用图书，并为部分核心读者提供较为固定的、长期的导读服务。

2．集体导读

集体导读是指图书馆根据工作计划或读者阅读过程中反映出的具有共性的问题，利用普遍接触的形式，对读者进行广泛的辅导。集体导读的形式有阅读辅导课、座谈会、读书沙龙等。

（三）按内容划分

1．思想性导读

通过导读对读者进行思想道德教育，帮助其树立正确的世界观、价值观、人生观。

2．知识性导读

通过导读使读者获得所需的科学文化知识。

3．技能性导读

通过导读帮助读者养成良好的阅读习惯，使其掌握科学利用文献信息的能力。

对于导读工作，各中小学图书馆应结合自身实际情况和读者的特点，综合运用多种导读形式创造性地开展工作。随着技术的发展，图书馆应将读者导读从校园延伸至家庭，通过网络与读者建立长期固定的联系，随时根据读者的具体需求开展导读服务。

二、读者导读的内容

中小学图书馆和其他图书馆在性质、职能等方面都有一定的区别，因此读者导读工作的内容也有所不同。

随着国家教育改革的深入和图书馆事业的不断发展，以及读者导读工作实践的展开，读者导读的内容正发生着相应的变化。就目前的情况来看，中小学图书馆的读者导读工作主要包括以下几个方面的内容。

（一）阅读兴趣的培养和阅读行为的引导

中小学图书馆在开展读者导读工作中，要注意区分不同阶段学生的阅读兴趣。读者阅读兴趣的产生和发展与其处的社会、家庭等客观环境紧密相关。同时，读者的阅读兴趣的产生和发展又与学校的引导、培养分不开。图书馆应根据这些规律和特点，有针对性地对不同阶段的学生开展导读工作。

分析学生读者的阅读兴趣除了要考虑社会、家庭等客观因素，还应注意他们的年龄特点。分析不同年龄段学生读者的心理、生理特点，才能更好地了解他们的阅读兴趣、阅读能力，掌握他们的阅读规律，以便于引导他们的阅读。

中小学图书馆读者导读工作的目的是培养读者的阅读兴趣，规范读者的阅读行为。只有调动读者的主观能动性，使他们产生阅读兴趣，他们才能自觉地、正确地进行阅读。

（二）阅读技巧与方法的培养和指导

阅读技巧与方法是决定阅读活动效果的关键因素。中小学图书馆的任务之一是要向学生读者推广科学的阅读技巧和方法，通过指导使学生掌握科学的阅读技能，并可以熟练地加以运用。阅读技巧与方法的指导主要包括两个方面的内容：

（1）指导学生选择适合自己的书刊。阅读内容的选择关系到青少年读者精神素质和智能素质的提升。对学生读者选择书刊进行指导，是导读工作的核心内容。

（2）训练学生掌握一定的阅读技巧。提高学生阅读能力，除了为他们选择好书刊，使他们具备一定的文化知识等基础条件外，还必须使他们掌握正确的阅读技巧与方法。

中小学图书馆在引导学生掌握阅读技巧与方法的过程中，还要注意进行及时的总结与宣传，在读者中间进行交流并推广。

（三）介绍图书馆知识，普及检索方法

使读者掌握一定的文献检索方法和利用图书馆的知识技能，是提高读者阅读修养的必要内容，也是读者导读工作的重要内容之一。对于学生来说，掌握一定的文献检索方法，将为他们今后的继续教育以及终身学习打下良好的基础。

对学生进行文献检索方法的普及主要包括以下几点：

1. 提供实践机会与条件

不管是对工具书的检索，还是对馆藏目录的检索，必须要让读者参与其中。因为文献检索不仅是书本上的知识，更是一种实用性的技能。所以学校图书馆应当积极提供机会，创造条件，使读者充分使用可供检索的场所与设备，根据自己的阅读需要进行检索。

2. 讲授文献检索知识

讲授知识的内容和深浅应适度，要根据不同读者的具体情况而定。宣传文献检索的基本知识可以集中授课，也可以使用图文宣传的方式。在初始阶段，基本知识不必讲得过深、过细，不必死抠专业术语，而应注重实际应用。

3. 介绍传统工具书

介绍传统工具书的检索方法应着重使读者了解它们的编制特点、收录范围，重点是凡例、辅助索引的用法及各种附录内容。

4. 结合实际需要开展教学

为了提高读者学习、利用文献检索工具的积极性，中小学图书馆应尽量配合实际的学习进度，使读者能切实感受到掌握检索方法是他们学习和生活中不可或缺的一项技能。

（四）培养网络阅读意识，提高网络阅读能力

随着计算机技术的普及，网络正在改变着我们的学习、工作和生活。网络阅读已经成为重要的学习方式。2018 年教育部颁布的《中小学图书馆（室）规程》第三章总第十三条中明确指出："图书馆应当重视数字资源建设，依托区域数字图书馆和信息资源中心获取数字图书和电子期刊等。"这是为迎合中小学师生适应信息社会的需求，提高独立获取文献信息能力的重要措施。这不仅是素质教育发展的需要，也是适应课程改革和学生开展研究性学习的需要。因此，指导广大师生培养一定的网络阅读能力，树立网络阅读意识，已成为信息时代图书馆导读工作的新任务。

第三节 读者导读工作的方法与策略

一、开展读者导读工作的具体方法

开展读者导读工作，尤其是针对学生读者的导读工作有以下几种方法。

（一）做好新读者入馆导读

对于刚刚进入校园的学生，图书馆内成千上万册的图书，让他们感觉很新鲜。入馆后他们经常会东看看西看看，对于书架上的标识也不明白是什么意思，手里拿着书边走边看，觉得不喜欢了或者发现了更喜欢的书就把手里的书随便放到一边。这种情况就需要馆员做好读者入馆的导读工作。通过和读者积极主动的沟通，了解他们的阅读需求，推荐相关书籍，并引导他们按书架标识进行查找。同时，馆员还应耐心地为新读者讲解馆藏文献的类型、内容，以及利用检索系统进行查询的方法。有条件的中小学图书馆可以针对新入校学生进行有针对性的读者入馆教育，通过课堂讲授的方式，将新读者可能碰到的具有共性的问题一一列举，并进行解答，这样可以避免重复解答相似问题。同时还可将图书馆相关知识通过宣传栏或网页展示、自媒体推送等方式进行广泛宣传。做好新读者入馆的导读工作，能激发他们的求知欲，引导他们挖掘丰富的馆藏资源，养成良好的阅读习惯。

（二）介绍优质馆藏资源

图书馆丰富的馆藏资源，一直都在等待着被需要它们的读者发现。有的书可能被放置在一处显眼的地方，很容易就会被发现；有的书可能被放置在一个角落里，如果不特意去找很难被发现。要想让这些馆藏资源被读者发现并充分利用，就需要馆员在充分了解馆藏资源的基础上，做好图书推荐工作。

首先，建立新书推荐制度。在馆内设立特殊的新书展示区，依据分类将新书进行排放，方便读者及时了解馆藏的更新情况，查阅最新的入馆图书。

其次，根据不同专题开展图书推荐。每位馆员可根据个人的知识储备及人文素养，结合馆藏，根据不同时期学校教育教学活动的安排及各种社会热点进行各种专题类的图书推荐，以此激发读者的学习兴趣，增强读者阅读的目的性。

最后，依靠网络平台。结合网络平台信息交互性强的特点，在图书馆网站或各种社交软件上与读者进行交流，定期发布最新的图书信息或报纸摘要并加以评论，以此扩大导读范围，使读者无论是否身处校园都可以随时了解最新的文献信息。

（三）开设信息素养课程

中小学图书馆可将信息素养课作为学校图书馆开设的选修课，其内容主要包括文献信息的基础知识以及获取和利用文献信息的方法，具有知识性、实用性、指导性的特点。课程开设的目的在于提高学生的信息意识，帮助学生掌握信息检索和利用的基本方法，培养实际检索的能力，从而提高获取文献以及自如利用图书馆各种资源、网络信息资源的能力。同时使学生通过信息素养课程理论学习和实践，具有一定的科学研究和实际工作能力，为将来进一步学习打下更坚实的基础。

（四）开展数字资源推广宣传

随着网络技术的发展，数字资源在中小学图书馆中的地位越来越重要。因此，在读者导读工作中，数字资源的推广宣传是必不可少的。对于不经常浏览图书馆网页或进行数字阅读的读者来说，他们对学校图书馆有哪些数字资源、如何使用数字资源非常陌生。这导致图书馆数字资源的使用率不高，数字资源的优势未能发挥。因此图书馆有必要经常性开展数字资源的推广宣传。馆员可自行开展或邀请数字资源厂商，采用现场讲解和现场演示相结合的形式进行培训，培训内容主要包括数字资源的使用方法和使用技巧，如何深层次检索利用数据库，如何利用数据库开展研究性学习、论文选题等。通过推广宣传，读者能够有意识地、主动地去使用图书馆的数字资源。

二、信息化社会开展读者导读工作的策略

在信息化社会，知识更新换代速度不断加快，人们对于知识的渴求前所未有地强烈。而对于学生读者而言，他们的阅读能力和阅读兴趣尚处于初始阶段，这就使得中小学图书馆的读者导读工作变得更为重要。馆员应该根据不同年龄段学生的阅读特点，在阅读内容、阅读目的、阅读方法上给予他们合理有效的指导，并且教会他们快捷地使用图书馆查询系统查阅文献信息，掌握检索、整理文献信息的基本能力，学会科学地对图书进行有效的分类及进行阶段性的阅读。这需要图书馆读者导读工作的内容更加精细化，对于读者需求更有针对性。

中小学图书馆可以从以下几个方面开展工作，以满足新时期的读者需求。

（一）转变馆员的思想理念，强化服务意识

在信息时代背景下，中小学图书馆馆员应从图书馆信息化、现代化角度出发，转变传统的图书馆管理的思维模式，强化信息观念，转变工作方式，把读者放在第一位，积极主动地开展读者导读工作，激发读者利用图书馆的兴趣。

（二）储备特色馆藏资源，提升信息资源的整合度

中小学图书馆要以现有的馆藏文献为基础，充分加强相关基础文献资源的储备，并根据自身情况适度加大数字出版物的采购与整合力度，使得馆藏载体多样化，以满足不同读者的需求。同时，还可以组织馆员根据读者需要编写二次、三次文献，以方便读者使用。除此之外，还可以充分利用计算机技术加快资源建设的速度，以实现资源共享。

（三）开展网络信息导航，提高导读人员的素质

中小学图书馆读者导读工作应该与时俱进，与信息技术相结合，把图书馆工作带入网络化发展的新时期。馆员应该充分发挥图书馆信息引领的作用，开展信息导航服务，根据读者的实际需求与本馆的实际能力，借助各类搜索引擎和积累全面、专业化的图书资源，使读者能够方便地利用信息导航，快速准确地查询到自己所需要的文献信息。

（四）通过专题讲座和读书研讨会等形式做好导读工作

馆员可以根据不同年龄学生的兴趣爱好等，开展专题讲座和读书研讨会。专题讲座可以包含一些社会热点、国际新闻等内容。通过这些专题讲座，帮助学生学会利用工具书、网络信息检索工具查阅自己所需要的资源。专题讲座和读书研讨不但可以吸引更多的学生关注学校的图书馆，还能丰富学生的课余生活，开阔学生的视野。此外，有条件的图书馆还可以利用地域优势与附近的公共图书馆、高校图书馆、图书出版发行机机构或其他社会文化单位合作，借鉴其他单位先进的管理运作模式，利用相关单位丰富的资源开展丰富多彩的活动，以此推动图书馆读者导读工作的顺利开展，促进学生读者逐渐养成坚持阅读的良好习惯。

第十章

读者教育

导　语

　　读者教育是图书馆读者服务工作的一个重要内容，关系到图书馆的馆藏资源能否得到充分的利用，也关系到读者获取文献的能力和信息素养。因此图书馆应当重视并积极开展读者教育工作。

第一节　读者教育概述

一、图书馆的教育职能

　　图书馆的社会属性决定了图书馆具有社会职能，其中包括保存人类文化遗产、开展社会教育、传递科学情报、开发智力资源和提供文化娱乐资源。中小学图书馆服务的主要读者对象是学生，对其进行社会教育是与其接受学校教育同时进行的。开发学生智力资源主要是启发他们的智力，培养他们进行科学思维的能力，同时培养他们学会使用图书馆资源的能力。这是中小学图书馆作为服务教育机构应尽的职责。

　　中小学图书馆作为图书馆整体事业中的一部分，具有一般图书馆的共性，但也具有其自身的一些特性。就一般图书馆来说，其具有社会性、学术性、教育性和服务性。中小学图书馆也具有上述性质，但它的教育性尤为突出。离开了教育性，中小学图书馆就不能充分发挥其作用。2018 年教育部颁布的《中小学图书馆（室）规程》明确指出："图书馆是中小学校的文献信息中心，是学校教育教学和教育科学研究的重要场所，是学校文化建设和课程资源建设的重要载体，是促进学生全面发展和推动教师专业成长的重要平台，是基础教育现代化的重要体现。"《中小学图书馆（室）规程》对中小学校图书馆的职能做出明确的规定。学校的中心工作是教育教学，那么中小学图书馆的主要职能则是参与到学校教育教学活动中，支持学校实现其教育目标，履行教育职能。

二、读者教育的内涵与意义

（一）读者教育的内涵

读者教育是指图书馆开展的培养读者获取和利用文献资源能力的教育活动。图书馆开展读者教育的目的是帮助读者了解相关文献知识、图书馆馆藏资源和服务内容，使读者掌握文献检索和利用的方法，增强信息意识，并能借助各种检索工具通过各种渠道获取所需的文献信息。读者教育是一项具有普及性和实用性的综合能力教育，是图书馆为开发利用文献资源和实现其教育职能而开展的一项重要工作。

（二）读者教育的意义

读者教育是一项具有战略意义的工作，图书馆读者教育的目的是为读者提供丰富的馆藏文献信息和打开知识宝库的钥匙。通过读者教育，读者可以掌握科学获取文献信息的方法，并受益终身。读者教育是构建学习型社会，开展继续教育、终身教育工作不可或缺的一部分。具体到读者与图书馆的发展，读者教育具有以下几点意义：

1. 可以使更多的潜在读者成为实际读者

图书馆的读者教育工作不应局限于本馆现有的实际读者。通过广泛的教育与宣传，将校内的潜在读者转变成实际读者，这也是提高图书馆馆藏资源与图书馆设施利用率最有效的方法。向学生宣传介绍图书馆，激发更多学生的阅读热情，使更多的学生成为图书馆的读者，学校图书馆的发展才能进入良性循环。图书馆是学校开展教育教学活动必不可少的一环，读者的不断增加，学校领导和广大师生才会进一步支持帮助图书馆的建设，学校图书馆才会越办越好。

2. 有利于加强读者与图书馆之间的联系

读者对图书馆的了解越多，利用越充分，阅读兴趣越广泛，文献需求越多样化，就越能促进图书馆服务方式的多样化、服务领域的拓展和服务效率的提高。建立在读者与图书馆相互沟通基础上的读者工作，必将焕发出勃勃生机。

3. 有助于文献信息资源的开发利用

图书馆收集整理文献就是为了提供给读者使用的。向读者提供文献（包括图书的借阅和归还工作）是图书馆的主要工作之一，但它并不是图书馆工作的全部。图书馆对馆藏文献的深度开发，如发展专题服务，编制文摘、索引，撰写综述、评论，在现代信息社会更能凸显其价值。而这一工作的开展，同样需要读者工作做媒介。通过读者教育，读者可以充分了解图书馆所具有的功能、服务项目，使得学校图书馆能够更加充分地被读者使用。

三、我国中小学图书馆读者教育工作中存在的问题

中小学图书馆读者教育是随着馆藏文献的激增，广大师生对文献阅读需求日益增强与获得所需文献越来越困难这对矛盾的凸显而产生的。开展读者教育是为了引导和帮助读者学会积极主动地利用图书馆。虽然这些年中小学读者教育工作取得了一些成果，但还有很多学校对于图书馆开展读者教育工作不够重视，在一定程度上阻碍了中小学图书馆事业的发展。

（一）很多读者缺乏对学校图书馆的深入了解

一方面，近年来政府加大教育经费投入，使得很多中小学图书馆的馆藏图书数量大大增加，但从另一方面来看，中小学图书馆事业的发展却陷入了困境。具体表现在：图书馆读者到馆率大幅下降，图书馆文献借阅率也逐年降低。虽然这与手机和移动互联网的广泛应用，大量读者开始进行数字化、碎片化阅读有关，但也与图书馆没有进行充分的宣传，激发广大师生读书的欲望，使其充分利用学校图书馆提供的服务，有着很大的关系。很多读者不会利用图书馆检索查询系统，不知道如何利用文摘、索引、参考工具书等二次、三次文献为自己的学习或工作提供帮助。读者使用检索系统的概率也很低，大部分读者还是习惯于直接向馆员询问某本书有没有、放在哪个书架。很多读者不知道图书馆还有目录、文摘、索引、参考工具书等可以利用，认为图书馆仅仅提供借书和还书的服务。这些普遍的现象表明读者对图书馆缺乏基本的了解，他们和图书馆之间的交流渠道不畅通，进而也说明中小学图书馆的读者教育工作还是一个薄弱的环节。

（二）中小学对图书馆读者教育认识不够，读者工作有待加强

很多中小学管理者过多地关注图书馆的藏书和馆舍、设施、设备的建设工作，而忽视了读者服务工作。很多中小学图书馆工作人员数量严重不足，无法

保证日常的外借阅览服务的开展。在图书馆工作岗位上会有很多由于诸多原因从一线教育教学中转岗过来的教师，这其实也反映了学校对于图书馆工作的一种看法——在图书馆工作并不需要什么高深学问。对图书馆工作的不重视，使读者教育工作变得可有可无。

四、读者教育的原则

读者教育是为了更好地服务读者，馆员应成为具有主导性的教育者，有义务和责任对读者进行全面科学的教育，将读者教育与实现图书馆社会价值有机结合起来。

（一）计划性原则

读者教育是一项系统工程，需要一个长期的过程。中小学图书馆读者教育应当从本馆实际情况和读者需求出发制定各阶段计划，同时计划还要具有前瞻性和可行性。读者服务工作要依据工作计划有目的地稳步开展，并及时根据工作进展与效果调整相应方法和方式，以提高读者工作效率。

（二）针对性原则

学校图书馆的读者具有各自的特点。受到年龄、性别、教育水平、家庭环境等因素的影响，读者的阅读兴趣和阅读能力也会有明显的区别。学校图书馆只有采用灵活多样的方式和方法，对不同类型的读者分层次有差别地进行教育，才能收到更好的效果；还应经常分析和研究影响读者教育的因素和读者教育规律，及时补充和完善教育内容。馆员只有不断开辟读者教育的新方法、新模式，考虑不同读者的需求差异，有的放矢，读者教育才能取得良好效果。

（三）广泛性原则

学校图书馆应对所有学校读者开放。教育部 2018 年颁布的《中小学图书馆（室）规程》第五章总第二十九条指出："在确保校园安全的前提下，有条件的学校可以探索向家长、社区有序开放。"图书馆应注重提高全民素质，使潜在读者转变为实际读者，使每个人都享有受教育的权利，人人都有受教育机会，发挥读者教育工作的作用和价值。

（四）灵活性原则

读者教育的方式、方法多种多样，如个别辅导、集中培训、网上辅导等。究竟采用哪种教育方式最有效，取决于读者的数量、特点以及馆员实际工作的方便程度等因素。在具体开展工作的过程中，图书馆既可以采用一种方式，也可以综合运用多种方式，以便进一步强化读者教育的效果。

（五）系统性与循序渐进性原则

系统性是由科学本身的特点所决定的，任何科学知识都具有一定的逻辑性。系统性与循序渐进性原则反映了科学的整体性及其逻辑体系，以及人类认识活动规律的辩证统一关系。因此，在安排读者教育内容时，图书馆应以相应的科学体系为基础，使读者获得系统的知识与技能。在采用具体的教学方式时，则要循序渐进，由浅入深，由易到难，从而使读者所学到的知识不断深化。

五、读者教育的作用

（一）顺应图书馆事业发展的需要

图书馆工作由传统手工操作发展到当今的数字化管理，经历了长期的发展过程。数字图书馆的出现，使图书馆方面面发生了巨大的变化。信息资源的数量和种类十分丰富，读者获得信息，特别是网络信息，由于有计算机、现代通信、多媒体技术的支持，手段层出不穷。

图书馆的变化巨大，以至于很多读者，尤其是年龄比较小的学生或者年纪比较大的教师，不会使用馆内的新设备。图书馆的服务压力也就越来越大。把逐一回答读者的问题转变为将具体有共性的问题集中起来，进行统一解答，就需要图书馆积极开展读者教育，帮助读者了解、使用图书馆的新资源、新设备。

（二）促进读者队伍发展与馆藏文献的科学利用

首先，读者教育可以增强读者的图书馆意识，壮大读者队伍。读者教育有利于读者队伍的发展，读者教育工作可以将潜在的读者转变为实际读者，将潜在的阅读需求转变为实际的阅读需要，并引导读者利用馆藏文献满足这些需求。

其次，读者教育工作还能推动图书馆文献资源的有效使用。图书馆中读者文献资源检索水平的高低和利用图书馆能力的大小都会对图书馆文献资源的利用程度产生影响。读者的应用能力越强，图书馆文献资源的流通度就越快，相反则会阻碍文献资源的流通。而读者教育工作是促进馆藏资源有效利用的重要途径。

（三）提高读者检索能力，增强图书馆与读者的联系

读者教育可以提高读者对文献信息的检索能力，使他们能够顺利查找到所需的文献信息。读者检索能力的提高可以节省宝贵的时间，还可以减轻馆员的工作强度。读者教育对加强图书馆与读者之间的联系也能够发挥积极的作用。读者教育工作的开展能使读者在图书馆中收获更多的知识，同时图书馆也会因为读者服务而有所收获。读者教育的最终目的是让人们更好地使用图书馆，能够更加有效地获取自己想要的文献信息，并且在使用图书馆的过程中，对馆藏质量、整体环境、硬件设施、服务水平等做出评价，这些评价反过来也能促进图书馆工作质量的不断提高。

第二节　读者教育的内容与方式

一、读者教育的内容

（一）文化素养和道德品质教育

学校图书馆是广大师生获取知识、充实自我的公共场所，开馆期间人员流量大、业务繁忙，管理难度较大。因此，维护正常的阅读秩序，切实保障每一位读者的权利，需要读者和图书馆馆员的共同努力。图书馆在以读者需求为导向，不断转变管理理念，提高管理水平的同时，也要教育读者自觉提高自身的文化素养和道德品质，互相尊重，互相帮助，互相理解，共同遵守馆内规章制度。

（二）图书馆规章制度

为了营造一个良好的阅读环境，保障每一位读者的权利，图书馆制定了各项规章制度，如开放时间、办证须知、借阅规则、文献污损或丢失赔偿办法、安全须知等。图书馆只有通过读者教育大力宣传各项规章制度，让读者熟悉制度并自觉遵守，才能维护图书馆与读者之间的良好关系，避免因读者违反制度产生的矛盾和误解。

（三）馆藏资源的组织方法

图书馆按图书分类法对各学科的馆藏文献进行分类、排架，读者必须具备基本的图书分类知识，才能准确、高效地找到自己所需的文献。因此图书馆应通过读者教育，向读者普及图书分类知识，以便于读者快速查找所需书籍。

（四）藏书布局知识

馆藏文献按学科分类和具体使用需求收藏在图书馆的各个阅览区或书库中，图书馆根据本馆的藏书特点进行藏书布局，如自然科学区、社会科学区、文学艺术区和教师阅览区、学生阅览区等。每个区域在学校图书馆的什么位置，收藏哪些类别的文献，读者只有了解、熟悉图书馆的藏书布局，查找馆藏文献时才能更加有的放矢，同时也节省了宝贵时间。

（五）信息检索技能

学校图书馆应该重点向读者介绍图书馆自动化系统和网络数据库系统的使用方法，如书目查询、网络续借、图书预约、数据库选择、数据库检索等。图书馆还应该向读者介绍各种工具书及网络信息的检索途径和检索方法。读者对信息检索的工具、方法和途径充分了解后，才能更快捷、更准确、更全面地获取信息。

（六）信息判断与评价技能

对于信息检索的结果是否正确，是否能满足个人需要，是否存在多检、漏检的情况，读者需要进行判断与评价。图书馆需要向读者传授信息检索结果的判断与评价方法，以及提高查全率和查准率的方法，帮助读者在海量的网络信息和馆藏文献中找到真正能够满足其需求的文献。

二、读者教育的方式

学校图书馆应根据馆藏规模、工作特点和学生的需求开展读者教育工作，对传统的读者教育工作进行改进和创新，综合运用各种教育方式，以适应读者的需要。

（一）新生入馆教育

新生入馆教育主要是指学校图书馆对新入校的学生开展的了解图书馆、学会使用图书馆资源的教育活动。新生入馆教育包括介绍图书馆的作用和职能、各种服务设施和馆藏文献的特点与布局、图书馆目录的使用方法、借阅程序及各项规章制度等内容。图书馆新生入馆教育是做好读者工作的良好开端，是开展学生信息素质教育的先导，是培养学生了解图书馆、熟练查找馆藏信息资源、更好地利用馆藏信息资源的前提条件。为了使新生能尽快地了解和熟悉图书馆，减少利用图书馆的盲目性，图书馆应利用多种渠道、采取多种形式开展新生入馆教育活动，培养新生的信息素质，以提高新生入馆教育的有效性。

1. 新生入馆教育的意义

（1）学生利用图书馆的启蒙教育。

随着教育改革的深入，学校提倡学生自主学习，更加看重学生综合素质的提高。图书馆在这方面可以发挥重要作用。图书馆应及时进行新生入馆教育，重点介绍图书馆的馆藏资源布局、文献分类、借阅流程、规章制度、如何使用信息检索系统和网络资源数据库等，使学生尽快全面了解图书馆，为今后充分利用图书馆打好基础。

（2）发展读者的良好契机。

新生面对存有数万乃至数十万册书的图书馆，既新鲜好奇又不知所措。在系列化的入馆教育中，增加新生与图书馆实际接触的机会，以此为契机宣传推广图书馆服务，吸引更多的读者，从而保持图书馆读者数量的稳步增长，体现图书馆的价值。

（3）提升图书馆在学生心中的地位。

新生入馆教育是展示图书馆形象的重要方式，馆员通过自身的知识和经验，广泛、深入地宣传图书馆的工作和深厚的文化内涵，促进图书馆与读者的相互沟通和了解，消除读者对图书馆及其工作人员的错误认识，树立现代图书馆的良好形象。读者只有在了解图书馆的基础上，才能认识到图书馆的价值，尊重馆员的劳动，进而主动配合图书馆开展各项工作。

（4）利于图书馆的日常管理。

新生入馆教育不仅能帮助新生尽快熟悉和利用图书馆，大大缓解因不了解图书馆、不熟悉馆内规章制度而给图书馆日常开馆期间带来的工作压力，而且能使馆员有时间和精力了解新读者、研究新读者、辅导新读者，指导读者选好书、读好书，进一步提高自身的服务水平、管理水平。同时可提高馆员在读者心目中的形象和地位，进一步维护师生关系，充分发挥图书馆教书育人的作用，创造良好、和谐的学习环境。

2．新生入馆教育的方式

（1）实地参观与讲座。

对刚入学的起始年级新生而言，走进图书馆实地参观并听一次总体介绍图书馆的讲座是了解学校图书馆最直观便捷的方式。通过这种方式，新生们可以亲身感受图书馆的环境，见识图书馆先进的技术设备和管理手段。这些直观的感性认识能激发学生了解和利用图书馆的热情，这种效果是其他教育形式所不能替代的。

在实地参观的过程中，馆员可以采取导游式的讲解方式，带领新读者参观图书馆的各个空间，在讲解、演示的同时进行文明读者的道德教育。这种形式的入馆教育能够让读者尽快地熟悉图书馆的环境、馆藏分布情况和规章制度等。

实地参观结束后，图书馆可向新生提供后续讲座，针对新生可能遇到的问题予以解答。

（2）发放入馆手册。

图书馆可将入馆手册发放给读者，还可将手册放在图书馆入口处，让读者拿取。手册内容包括图书馆规章制度（如入馆须知、借还书规则、赔偿处理方法等）、空间设置、服务指南和数字资源的使用方法等，并且还可以加入图书馆的其他相关知识。手册内容设计上应力求简明易懂。

（3）馆内宣传。

在馆内不同场所设立各种标识牌、展板、电子屏，摆放宣传材料供读者使用等都属于这种形式。常见的有楼层标识牌、楼层平面布局图、书库藏书范围介绍、各大类分区示意图、规章制度牌、新书推荐、书目指南、特色馆藏介绍等。有条件的情况下图书馆可在馆内设立触屏导读机，通过多媒体交互界面宣传图书馆概况、布局、服务项目、馆藏资源等；还可在OPAC检索处、电子阅览室进行宣传介绍，提供信息资源的内容、特点以及检索方法等的介绍。

（4）服务台个别辅导。

服务台个别辅导是图书馆最早采用的传统教育方式，能及时解决少数读者在利用图书馆过程中遇到的困难。服务台应设在图书馆一进门的显著位置，方便入馆后需要帮助的读者。对读者进行辅导的人员既可以是馆内的工作人员，也可以是学生志愿者。有条件的图书馆还可以采用智能机器人进行咨询辅导。

（5）通过网络和多媒体进行全方位推广。

传统面对面的参观和讲座类教育方式由于受到时间和空间的限制，参加的新生人数有限。在网络环境下，图书馆应该充分利用图书馆网站及社交媒体软

中小学图书馆员·基本素养和基本技能系列丛书

件，提供网上图书馆介绍。可以把平时给新生进行入馆教育时使用的讲义放在图书馆网页上或利用社交媒体软件进行推送，供读者随时学习。还可以结合学生的年龄特点，将文字、声音、图片、视频、动画等多媒体形式有机组合在一起，寓教于乐，充分调动新生的学习兴趣，提升新生入馆教育的实际效果。

（二）开设阅读指导课

阅读指导课是图书馆为提高学生阅读能力所开设的阅读方法课。开设阅读指导课是我国中小学图书馆读者服务的一项重要工作，是学校图书馆发挥其教育职能的主要形式之一。2018年教育部颁布的《中小学图书馆（室）规程》指出，图书馆应对学生开设阅读指导课，并鼓励学校将阅读指导课纳入教学计划。

阅读指导课就是要在学生阅读的过程中，馆员介入指导，为学生提供相关的背景知识介绍，激发学生的阅读兴趣，引发学生积极思考，逐步提高学生的阅读水平和理解能力，最终提升学生阅读素养。

学校图书馆开设的阅读指导课的内容包括：介绍图书馆的利用、借阅方法、借阅规则等图书馆基本知识；对读者进行图书推荐，并介绍图书相关知识；开展读书方法和自主学习方法的教育。

1. 开设阅读指导课的意义

（1）充实学生的精神世界。

图书馆开设阅读指导课，指导学生阅读各类书籍，能够提高学生的思想道德水平，帮助学生树立正确的世界观、人生观、价值观，提高学生的科学文化素养，培养学生的爱国主义、集体主义精神，最终提高学生的整体素质。开设阅读指导课，对学生进行阅读指导，使他们的思想境界在读书中得到升华，既能提高学生的阅读兴趣和阅读能力，也能让学生开阔视野，增长知识，明辨是非。学生在学识上得到提高，他们的精神世界更加充实，身心更加愉悦和健康。

（2）扩大学生的知识面。

课外阅读是学生获取知识的重要来源。在素质教育的大背景下，学生要获得更多的知识和信息，必须加强课外阅读。图书馆阅读指导课的开设，有利于学生在课外阅读中获得更多的知识，扩大知识的广度和深度，找到适合自身发展的学习方向，确定自己的理想和奋斗目标，从而激发学习愿望和学习兴趣。

（3）培养学生的学习能力。

学生将在未来走出校门，走向社会，他们在未来的学习和工作中会遇到很多问题，以现有的知识积累或难以解决。因此学生在学校培养终身学习的能力才是立足社会的基础。图书馆开设阅读指导课，就是要培养他们自主学习的能力，这也是进一步深化教育改革的要求。

2. 阅读指导课的内容

（1）向学生开展阅读推荐。

馆员应有目的、有计划地向学生推荐优秀读物，并将推荐读物同学校课堂教学相结合。馆员应了解学生各年级、各学科的教学内容、教学进度，和各任课教师相互配合、相互协调，根据不同年龄学生的知识结构、心理特点，不同阶段的教学任务，不同时期的德育教育重点，等等，向学生推荐不同的课外读物，使图书馆阅读指导课与课堂教学有机结合起来，相辅相成，互为补充。

（2）对学生进行阅读方法的指导。

在课外阅读活动中，学生可能会遇到各种各样的问题。从阅读动机上看，学生的阅读或是依据个人兴趣、爱好，随性而为，或是受周边同学、环境影响，从众而为。他们的阅读行为具有较大的随意性和盲目性，缺乏目的性和系统性。此外，有些学生的阅读方法和习惯也存在很多问题，如边吃东西边看书，边交谈边看书，边听音乐边看书，边走路边看书，看书姿势不对，等等。因此图书馆阅读指导课应教给学生科学有效的读书方法，要教会学生根据自己的发展需要制订课外阅读计划，选择课外阅读书籍；要从学生的实际出发，有针对性地对他们进行阅读方法的指导，让学生掌握一些阅读方法和阅读技巧，提高课外阅读的效率和效果。

（3）开展读书活动。

学校图书馆应与班级、团委、学生会等联合，有计划地组织学生开展读书活动，如报告会、演讲会、故事会等系列交流活动。通过形式多样、丰富多彩的读书活动，推动和促进学生的课外阅读，同时为学生提供展示才华的机会，增强学生的成就感，培养学生对书籍的感情，激发学生的阅读兴趣，提高学生各方面的能力。

（三）开展信息素养教育

信息素养教育指图书馆员为培养学生的信息素养，即信息意识、信息知识、信息能力及信息伦理道德而开设的一门方法课。信息素养教育包括选择、获取、识别信息，加工、处理、传递信息并创造信息的能力，以及充分利用信息搜索工具和信息资源的能力。信息化时代，读者应具备信息技术的基础知识和较高的信息获取能力。加强读者的信息素养教育在图书馆工作中占有越来越重要的地位。

信息的获取、识别、存储、评价、利用、创造等能力是信息化时代学校图书馆读者必备的素养。现在大部分学生的学习往往局限在教科书中，对于图书馆内的资源不了解。例如，他们不知道图书是如何分类的，对图书馆拥有的网络数据库资源也不了解，更不会使用检索工具进行科学有效的检索。学生经常会上网，但大部分学生是上网聊天、玩游戏等，对通过图书馆检索相关信息及获取资料不了解，缺乏高效获取信息所必备的知识与技能。

1. 开展信息素养教育的意义

（1）加强读者的信息素养教育是时代的要求。

科教兴国战略是我国的基本国策，也已成为人民群众的共识，它对教育特别是基础教育提出了更高的要求。提高人的信息素养是时代的要求。图书馆在信息化时代已经不仅仅是一个服务性的文化事业机构，它已成为获取知识和人才培养的场所，信息素养教育已成为国民教育的重要组成部分。信息素养教育也是人们生存和发展的需要。图书馆有着丰富的知识资源，利用这一优越的条件，给读者提供优质的服务，使读者的综合素养不断提高，将有助于国民整体素质的提高。

（2）加强读者的信息素养教育也是图书馆自身的需要。

图书馆读者的信息素养存在着差异，有些读者可能无法正确合理地使用各种信息检索平台或检索工具，这对他们获取、识别、评价、利用信息都造成一定的障碍。针对这类情况，图书馆应发挥其教育职能，注重读者的信息素养的提高，使读者能够快速准确地获取所需信息。这样既节约了读者的宝贵时间，同时也减少了馆员日常参考咨询的工作量，使馆员有更多的精力开展更多形式的读者服务工作。中小学图书馆的事业也将更加持续健康地发展下去。

2. 开展信息素养教育的形式

信息素养教育主要有面对面授课和网络宣传介绍两种形式。

（1）开设信息素养课程。

为加强学生信息素养教育，增强学生查阅资料和检索的能力，可对学生开设信息素养课。在文献检索课的基础上，图书馆还应该对检索出的信息进行甄别、判断，给予学生一定的指导。图书馆可以根据学生年龄与认知的差异开展不同层次的信息素养教育。总而言之，应不断提升学生获取信息的能力，使学生的信息需求得到更好的满足，培养他们的信息意识以及运用信息的能力。这样，学生进入更高阶段的学习乃至于走上社会之后，也能够熟练地运用文献检索工具，具有较强的自主学习能力。

（2）利用网络开展广泛的信息素养宣传。

学校图书馆可利用官网或其他社交新媒体进行信息素养教育。网络教育与面对面的教学形式有所不同，它以图片、动画、音频、视频的形式把有关内容推送给读者，使读者对图书馆以及信息素养的认识更加深入。信息素养宣传作为教学的一部分，除了要有学习内容的推送，还应该有在线指导。图书馆可建立讨论区或读者群，为学生营造提问与探讨的空间；对于读者的反馈信息，要及时了解并给予合理的解答。

在信息素养教育的实际开展过程中，两种形式相结合才能获得更好的效果。总之，图书馆加强读者信息素养教育，提高读者培训工作，让读者熟悉馆藏资源以及网络上的各种信息，并且对于各种检索工具也能熟练地掌握。检索工具除了工具书以外，还包括网络检索工具，读者对它们的特点、使用方法和检索技巧也要了解，能够熟练地根据自己的需要进行选择。同时，馆员还应使他们充分认识到，只有掌握了这些方法，才能有效地使用各种检索工具，才能掌握自主获取信息的能力，使读者从认识图书馆到善于利用图书馆，掌握良好、有效的获取知识的方法，从而受益终身。

（四）培养图书馆志愿者

学校图书馆引入学生志愿者服务，会为图书馆、学生志愿者和读者带来深远的影响。为了有效管理学生志愿者，进而提升图书馆的服务水平，图书馆应建立健全学生志愿者培养体系。

1. 图书馆建立学生志愿者团队的意义

（1）弥补馆员人数的不足，满足读者需求。

图书馆是学校的有机组成部分，是中小学校的文献信息中心，是学校教育教学和教育科学研究的重要场所。基础教育课程改革的推进，使自主学习和研究性学习氛围逐渐形成，也对学校图书馆的服务提出了更高的要求。然而馆员配置不足的情况是中小学图书馆普遍存在的问题，现有的人力资源无法满足师生多样化、个性化的服务需求。图书馆引入学生志愿者开展志愿服务，能有效弥补图书馆人力资源的不足，提高图书馆的服务效率，满足读者的需求。

（2）加强图书馆与读者的联系。

学生志愿者既是管理者又是读者，既了解读者的需求变化，也了解图书馆的工作情况。他们在进行志愿服务的过程中，可以及时向馆员反馈读者的真实需求，也可以作为图书馆的窗口，向读者介绍图书馆的情况，与读者形成良好的互动，推动图书馆的工作。

（3）发挥图书馆育人的职能。

学校图书馆在开展学生志愿服务的过程中，培养学生的学习能力、人际交往能力和解决问题的能力，让学生志愿者在管理读者的同时进行自我管理，在服务读者的同时培养服务意识，发挥学校图书馆管理育人、服务育人的职能。

（4）激发图书馆的内部活力。

学生志愿者年轻、有活力，思维活跃，富有创新精神。在志愿服务过程中遇到问题，他们往往能提出独到的见解，启发和开拓馆员的思维，从而改进图书馆的服务，提升服务水平。

2. 学生志愿者培训与指导的内容

对学生志愿者进行上岗前的培训是保证志愿服务质量的关键。培训的内容包括规章制度、馆藏情况、借阅规则、常规服务和具体岗位的工作流程等。

针对中小学图书馆工作人员人数较少的现状，规章制度、常规服务等培训内容可由馆员对所有新志愿者进行集体培训，具体岗位的工作流程的培训可通过以老带新的方式，由经验丰富的志愿者进行有针对性的培训，帮助新志愿者熟悉业务。馆员要在志愿者工作过程中进行观察和指导。

随着中小学图书馆的不断发展，学生志愿者在图书馆的作用越来越重要，图书馆对志愿者的管理必须具备科学性和规范性，这样才能把图书馆的志愿者服务工作做得更好。

第三节　中小学图书馆读者教育具体案例

一、图书馆基础知识类

（一）认识书籍

图　10-3-1

1. 教学目标及重难点

（1）教学目标：①巩固借书步骤。

②通过讲解及动手操作，初步了解图书的构成。

③联系活动过程，增强爱书意识。

（2）教学重点、难点：在动手操作的过程中初步了解图书的构成。

2．教学过程

（1）课程导入，复习巩固自助借书步骤。

①刚才小朋友们都在图书馆里挑到了一本自己喜欢的书，看得津津有味。回忆一下：如果你想把这本书借回家，用自助借还机借书的步骤是什么？

图 10-3-2

点击"我要借书"；刷卡；放书按"确定"。

②我们请一位小朋友来试一试，大家看看他的操作是否正确。谁来？

过渡：已经借好的书课后可以带回去继续阅读。其他小朋友如果也想把选的书借回家，课后也可以使用自助借还机借阅。

（2）仔细观察，认识图书。

①课前，我也借了一本很好看的书。小朋友们看看，这本书的名字叫《杜

181

利特医生和金丝雀》。现在我指着的印着书名的这一面就叫作书的封面，跟我读——

你们找到自己手中这本书的封面了吗？指给我看看。

②刚才，我们已经发现了封面上有书名。每本书都有它的名字，谁能告诉大家你这本书的书名？

③仔细观察，除了书名，你发现封面上还有什么信息？

预设答案：

作者：由谁写的这本书。

出版社：一本书从完稿到来到我们手上还要经历很多环节，这就是出版社的工作。

图片：能够表现书的内容。

小结：封面上的信息能够告诉我们这是一本什么书。

④研究完封面，现在我们把书翻过来，跟封面连在一起的书的最后一面叫什么呢？

提示：它既与封面相连，又是书的底部，所以我们叫它封底。

看看封底，你又发现了哪些信息？

定价：出版社给书定下的价格。

条形码：条形码是一种图形识别码，标示图书的书号信息。

书号：书号是紧贴着条形码的一串数字。如果你要在我们蓬莱小镇魔法小书店出一本书，你也要先申请书号。

小结：如果是一本正式出版的书，它的封面上一定会有书名、作者、出版社，封底上一定会有——条形码、定价（每本书各不相同）和书号。大家可以和旁边的小朋友交换你们手里的书看一看，是不是这样呢？

⑤封面和封底之间还有一块区域，谁知道它叫什么？（书脊）跟我读——

书脊的"脊"就是我们身上脊柱的"脊"。你们知道人的脊柱在哪儿吗？

脊柱是人后背中间的骨头，如果受了伤，我们就站不直了，严重的话身体会无法活动。书脊对整本书来讲，就像我们人的脊柱一样，是非常重要的，它连着书页的订口。想一想：如果书脊坏了，书会怎么样呢？所以我们应该怎么做呢？

接下来我们再看看，在书脊上你有什么发现？

书脊上也印有书名、作者、出版社。

提问：你们有没有注意到，这些信息在书的哪里也有？

既然封面上已经印了书名、作者和出版社，为什么书脊上也要印上这些信息呢？

（3）设计封皮，巩固知识。

①过渡：大家都知道，最近很多小朋友在我们魔法小书店申请书号，有一个叫王安的小朋友已经申请到了，要在魔法小书店出版她的一本书。她设计的封皮就在我手里，大家看看，书的封面在哪边？哪里是封底？书脊在哪儿呢？

我们再看看，她设计的封皮有什么问题吗？少了什么呢？

②这些信息就要请我们小朋友帮忙补充了，否则她这本书就没法出了，你们愿意帮帮她吗？

现在请你们看屏幕上的信息，帮王安小朋友把她的书的封皮上的信息补充完整，有时间再帮她美化一下。

（4）小结。

通过这节课的学习，小朋友们都知道了一本书的封皮包括封面、封底和书脊，也知道了上面有哪些信息。我们还帮王安小朋友大致完成了她的封皮设计，真了不起！你以后出书的话，知道怎么设计封皮了吗？剩下的我们下课以后可以继续帮她设计，使封皮更美观。

3. 教学说明

本课面向小学低年级学生。"巩固借书步骤。通过讲解及动手操作，初步了解图书的构成。联系活动过程，增强爱书意识"是本课要达到的教学目标。为了达到目标，让学生了解图书的构成，掌握封皮各部分所包含的信息这一重难点，我设计了以下几个学习活动：

（1）复习巩固自助借书步骤。

低年级学生基本都是首次入馆借书，对图书馆还不熟悉，对借书规则及借书方式也有不清楚的地方。因此从两分钟预备铃的自主选书阅读，到复习自助借还机的操作方式，是让学生在反复记忆和实际操作中掌握借书方法，也是让学生熟悉图书馆的一个过程。同时，在这一过程中提示他们在图书馆内阅读及将书借阅出馆的规则。

（2）通过观察，认识图书。

此项学习活动的目的是引导学生通过观察，逐步发现封皮上有哪些与书相关的信息。封皮上包含的都是关于图书的基本信息，但过去学生在挑选阅读书籍时经常会忽视书名以外的其他信息。因此学生在本课了解这些信息，对于今后对图书的选择及判断能有很大的帮助。

同时，引导学生发现封皮上所包含的信息，其实也是一个培养学生学会如何有效获取所需信息的方式。今后他们将面对海量书籍、爆炸式信息，读什么、如何读，需要学会筛选，能根据问题、需求去做有目的、有方向的查阅。那么如何搜集、整理、分析信息，通过初步了解书籍封皮这样一个小的层面，也能培育学生的信息素养。

书籍破损率高、学生阅读后随意乱放都是图书馆经常遇到的问题。在介绍书脊的过程中，对其作用的介绍可使学生产生对保护书籍的思考。同时在这一过程中引出书架上图书书脊应朝外放置的内容，加深学生正确放置书籍的意识。通过这两点，初步实现使学生"增强爱书意识"的教学目标。

（3）设计封面，巩固知识。

认识书籍的封皮部分是本课的重点及难点，因此通过上一活动的认识和学习后，这一环节让学生在动手操作中增强参与兴趣，巩固与封皮相关的知识。这一部分是第二部分的延续和递进，两个活动落实了教学目标中知识与技能的掌握，也能从实践中反映出部分同学存在的问题，引导学生在巩固交流过程中培养整合与解释信息的能力，提取课程中学到的知识与技能。

整堂课的活动环节鼓励学生独立思考，引导学生养成搜集、整合信息，探索思考的学习习惯，并且在各个环节中都融入了我校系列校本拓展课程"蓬莱小镇"中"魔法小书店"的内容，及以在"魔法小书店"出版的由学生创作的手写手绘书作为参照。这样更贴近学生的参考材料，能给学生以亲切感，提高其参与积极性，使学生逐渐形成浓厚的阅读兴趣，潜移默化地养成良好的阅读习惯，并将"写作"的种子也播在心里，能够爱上阅读。

（二）趣讲分类法

1. 指导思想与理论依据

中国学生发展核心素养以培养"全面发展的人"为核心，包括三个方面、六大素养。其中，学会学习这一素养提出乐善好学，要求学生能够养成良好的学习习惯，掌握适合自身发展的学习方法，能自主学习，具有终身学习的意识和能力等。

2015 年，教育部、文化部、国家新闻出版广电总局在《关于加强新时期中小学图书馆建设与应用工作的意见》中明确提出，图书馆是广大教师学生获取信息资源不可或缺的重要途径，是落实立德树人根本任务的重要阵地，对提高学生自主学习能力、终身学习能力和全面发展具有重要作用。要着力推进图书馆与教育教学深度融合，将图书馆作为课程资源进行整合，形成教学资源。要利用一定课时，培养学生搜集、整理、分析和选择信息资源的能力，提高学生信息素养，拓展图书馆使用功能。

基于以上精神，学校开设了"趣讲中图法"系列课程，采用生动活泼的游戏和儿歌进行教学，帮助学生逐步了解图书分类法知识，帮助他们学会利用图书馆，培养自主学习能力和终身学习能力。

儿童对于图书馆的了解，源于他们进入图书馆的阅读体验。而对于图书馆基本知识的了解，则需要在长期的阅读活动课中接受指导和传授。依据这一理念，在进行"趣讲中图法"这个课题的教学时，我主要采用游戏体验式教学，让学生在游戏和儿歌中快乐地学习枯燥的分类法知识，通过实践与思考，系统地掌握和使用中图分类法的相关知识。

2. 学情分析

（1）教学内容：

本课教学内容是指导和引领小学生利用中图分类法相关知识，培养资源检索和收集信息的能力。

"趣讲中图法"课程的主旨在于培养小学生对中国图书馆分类法的简单了解和高效利用。

如何使小学生从小就能了解图书馆、学会使用图书馆，学会在茫茫的书海中迅速找到自己需要的书，这是本课程的主要任务。

本课旨在引导小学生对中图分类法有初步了解和认识，知道图书馆是如何管理和存放书籍的，培养学生对图书馆相关知识的兴趣和爱好，为学生今后利用图书馆奠定基础。

（2）学生情况：

①知识水平分析：三四年级的学生由于年龄较小，很少关注和去了解图书馆，还不能够对图书馆相关知识产生兴趣。所以要了解他们的基本情况，为他们量身定制相关的图书馆课程。

②认知情况分析：学生们只是在日常生活中偶尔进入图书馆，并没有深入了解过图书馆的相关知识。本课旨在让学生在游戏活动中学习图书馆知识，初步了解中图分类法。

③学习基础分析：课前调查显示，有的学生对图书馆相关知识有浅显的认知和了解，但绝大部分学生仅仅停留在去过图书馆借书或者阅读，还不能真正了解和利用图书馆。

④信息技术因素分析：本节课使用"趣讲中图法"课件，使学生通过学唱简单的分类法字母歌和五大部类的图形，简单记忆图书的五大部类和二十二大类。学生通过走进图书馆上课，进行亲身体验，从而感受到图书馆图书种类繁多，要想找到所需图书必须了解图书的分类方法。

（3）教与学的方式分析：

本课侧重体验式学习方式。教学中教师要注重从儿童出发，引导儿童用自己的眼睛观察图书馆，用自己的心灵感受众多图书，用儿童乐于接受的方式教授图书馆知识。通过"趣讲中图法"，让学生对图书分类有更加具体的了解；通过这些教学活动，使学生们感受到图书管理的科学性和规范化。

3．教学目标

（1）知识与能力目标：

①通过本节课的学习，学生知道中国图书馆图书分类法共分为五大部类、二十二大类。

②学会运用字母分类法查找图书。

（2）过程与方法目标：

①通过呼叫字母代号、魔术手套探秘等游戏活动，初步了解中图法的五大部类、二十二大类。

②通过寻找自己字母代号所在的书架给自己找"家"活动，巩固中图法分类知识。

（3）情感、态度与价值观目标：

①培养学生喜爱图书馆、热爱读书的好习惯。

②使学生养成借阅后归还原处的好习惯。

4．教学流程（详见下图）

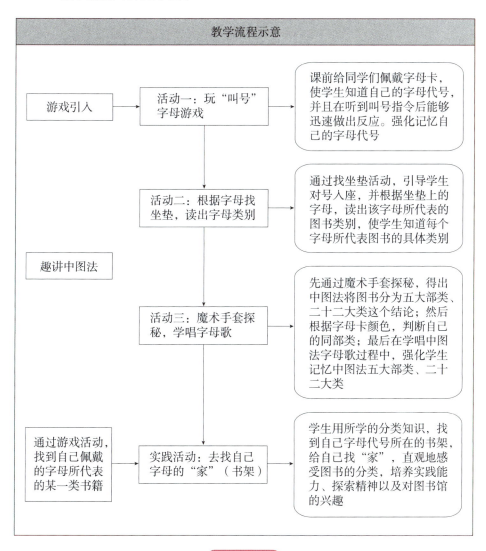

图 10-3-3

5. 教学过程

教学过程				
教学阶段	教师活动	学生活动	设置意图	技术应用	时间安排
课前准备	玩"叫号"字母游戏	进入图书馆,每个学生佩戴字母卡(共22张)。	每个学生将用字母代号代表自己,而不是姓名。	字母卡片	
活动一	1. 师说明游戏名称和规则。"走走停停,打招呼。"我叫到哪个字母,哪个字母的同学就出来做游戏。 师:小A、小C、小E、小J、小K……	例如:你好,我是小A我爱看书;你好,我是小B,爱踢足球;等等。	(班级如果人数多,就选出22个同学进行游戏)		5分钟
	2. 师(提问):同学们来图书馆上课开心吗?用一个表情表达你的开心吧!	生(齐声答):开心。 生:哇,好大啊! 生:鼓掌。	彼此了解,熟悉自己字母的代号。		
	3. 师:你们知道图书馆是做什么的地方吗?	生:看书的地方。			
	4. 师(时间1分钟):咱们的图书馆大吗?嗯。这里有300多平方米。	生:大。 (学生进行视觉体验活动)	通过引导,学生知道图书馆很大。		5分钟
	5. 师:你们猜猜这里到底有多少册书籍?	生:一万。 生:五万。			
	6. 师:这里有三万六千八百册书籍。你们看看自己的周围,书多不多?	生:哇,好多的书啊! (学生体验活动)			

教学阶段	教师活动	学生活动	设置意图	技术应用	时间安排
	7. 师用一个表情或者动作表示好多书。 师：圆形书架里外、北边书架、大门东西两侧书库，里面都是书。	生（点头）：多！	通过视觉体验活动，师生共同感受到学校图书馆不仅大，藏书还很多。		
活动一	1. 师：同学们，这么大的图书馆，藏书又这么多，你们知道老师平时是怎么管理的吗？	生：不知道。			3分钟
	2. 师：其实刚才我已经说出来了，谁注意到了？ 师：太棒了！给他鼓掌。 3. 师：对，分类管理。	生：分类管理。 （生鼓掌）	让学生体会到图书馆的书很多，不好管理。		
活动二	活动：找坐垫 1. 师：同学们，现在请你们根据自己的字母代号找到相对应字母的坐垫，好吗？ 2. 师：那么同学们看见坐垫上的字母所对应的类别了吗？谁愿意给大家读一读，你的字母是哪一类书籍？	生：好！ 生：A类——马克思主义、列宁主义、毛泽东思想、邓小平理论 C类——社会科学总论 F类——经济 ……	通过对号入座和读坐垫上的字母分类，学生初步了解二十二大类图书。		2分钟

续表

教学阶段	教学过程				
	教师活动	学生活动	设置意图	技术应用	时间安排
活动二	3. 那么下面大家一起从A开始一直读到Z。	生按顺序读自己字母代表的大类。	通过读字母代号的坐垫，熟悉自己字母所代表的种类。		
活动三	活动：魔术手套探秘 1. 师：同学们，老师这里有一双魔术手套，你们想看吗？	生：想看。	充分调动学生的好奇心和求知欲。	出示加工过的手套。	3分钟
	2. 师把手套戴上，眼神表现出神秘感，然后缓慢地张开手。	（生瞪大双眼） （生张着嘴） （生急得站起来了）			
	3. 师：我的手套有点特别，谁看出来它的特别之处了？	生：五个手指颜色不同。 （生利用强烈的好奇心和已有的生活经验观察手套的特别之处）	利用视觉刺激，让学生亲身体验手套的魔力，使课堂教学气氛更加紧张热烈。		1分钟
	4. 师：我的魔术手套漂亮吗？	生（齐喊）：漂亮。			
	5. 师：怎么漂亮呀？嗯，确实是五种颜色，很漂亮。	生：五个手指颜色不一样。	通过感官体验，得出结论：手套上的字母被分成了五种颜色。		
	6. 师：那么，你们知道为什么是五种颜色吗？	生：分五类。			5分钟
	7. 师：说对了！就是分为五大部类。	生总结出五大部类的字母组合。	通过魔术手套探秘活动，引导学生发现图书馆五大部类图书。		

续表

教学过程				
教学阶段	教师活动	学生活动	设置意图	技术应用	时间安排

教学阶段	教师活动	学生活动	设置意图	技术应用	时间安排
活动三	8. 师分别介绍五大部类的内容。 A属第一部类，伟人和思想家（马列毛邓）的著作属于这一大类；你们知道分别是哪几位人物吗？ 第二大部类（B）哲学类； 第三大部类（C—K）社会科学类； 第四大部类（N—X）自然科学类； 第五大部类（Z）综合类。 师（总结）：同学们真的很善于观察和思考，说得真好！中国图书馆分类法（简称中图法）把所有的图书分成五大部类，一共二十二大类。	生：马克思、列宁、毛泽东、邓小平。 （生有成就感地点着头继续总结） 第三大部类（C—K） 第四大部类（N—X）		带字母分类的坐垫 中图分类法课件	1分钟
实践活动	1. 师：我们都会唱英文字母歌吧？下面的任务是把图书分类法的字母歌词填到这个曲调里。	生哼英文字母歌曲调。	通过对学生的引导，使他们自己得出结论，即图书的种类有五大部类。		

续表

教学过程				
教学阶段	教师活动	学生活动	设置意图	技术应用	时间安排

教学阶段	教师活动	学生活动	设置意图	技术应用	时间安排
实践活动	2. 师：下面我们用英文字母歌的曲调来一起唱一唱中图法字母歌。	生哼唱英文字母歌。	将学生熟悉的曲调加上歌词，便于记忆中图分类法字母种类。		5分钟
	3. 师学唱中图法字母歌。	生看着歌词，哼唱曲调。			
	4. 师播放英文字母歌音乐。	生（全体唱）：ABCDEFGHIJKNOPQRSTUVXZ 二十二类，五大部类、二十二类，中图法分二十二类。	利用学生耳熟能详的曲调，便于学生们理解枯燥的中图分类法。	中图法字母歌课件	
	5. 师播放课件——中图法字母歌。				
	6. 师带着学生唱。	生拍手齐唱。			
	7. 师：让我们再唱一遍吧。	生：会啦！		播放课件	2分钟
	8. 师：同学们发现了吗？分类法里只有二十二类，缺了四个字母，你们知道这是怎么回事吗？	生：不知道。			
	9. 师：这是预留的四个大类，如果以后书的种类更多了，就会把这四个字母用上的。	生：少了L、M、W、Y。	通过学唱中图法字母歌，使学生很快熟悉中图分类法五大部类、二十二大类。	二十二类图书的彩色标识圆点	5分钟

教学过程				
教学阶段	教师活动	学生活动	设置意图	技术应用 时间安排
实践活动	10. 师（小结）：同学们都唱得差不多了，以后我们还有机会唱。下面我们要一起去完成一个任务。	生：什么任务？	设置任务，激发学生的好奇心，使学生跃跃欲试。	
	11. 师：现在同学们去开架区域看图书分类的标识图（这是我们学校图书馆的二次加工，为了便于整理开架书）。看看你代表的那类书，是什么颜色的标识。	生：好啊！		
	12. 师：通过前面的学习，我们知道了中图法有二十二大类，也知道自己代表的大类书的标识颜色。			
	13. 师：那现在老师让你们接着去找你佩戴的字母所代表的那类书，它在哪个开架区域？	生在引导员同学的引领下迅速行动，找到了标识。		2分钟

教学过程					
教学阶段	教师活动	学生活动	设置意图	技术应用	时间安排
小结	1. 师（总结）：下面我来总结一下这次任务的完成情况。这次任务大家完成得特别认真，也比较顺利。有一位同学在老师的帮助下找到了他那类图书所在的隐蔽书架；还有两名同学不但完成了自己的任务，而且还发现了放错的书籍，并且告诉了老师，在这里提出表扬！	生找到自己所代表字母所在的标识颜色，并举手示意。	培养学生的实践能力和应用知识的能力。 通过学生的实践，加深他们对图书分类的印象。		1分钟
	2. 师：让我们送给自己一些掌声吧！	生为自己鼓掌。			
	3. 师：今天关于中图分类法的知识，我们就学到这里，下节课再见！	生兴奋，蹦蹦跳跳。大家再次寻找。生表示同意。	让学生体会成功的喜悦心情。		

6. 学习效果评价方式

（1）对学生活动及交流进行评价，用笑脸贴画奖励表现较好的小组和个人。

（2）对课前纪律进行评价，鼓励学生安静有序地进入图书馆。

评价效果：

本节课中两种评价方式的运用符合小学中年级学生的年龄特点，调动了他们主动学习的积极性。学习效果评价不仅应关注知识的掌握，还应注重学生在学习过程中所表现的态度、兴趣、能力等各个方面的发展状况，及时调整教学方式，才能更好地促进学生的发展。

二、信息素养类

信息素养类读者教育的目的是培养学生对网络信息资源的检索能力。

（一）设计意图及理论依据

教育部、文化部、原国家新闻出版广电总局在 2015 年 5 月发布的《关于加强新时期中小学图书馆建设与应用工作的意见》中指出："中小学图书馆……要利用一定课时，培养学生搜集、整理、分析和选择信息资源的能力，提高学生信息素养。"2018 年教育部颁布的《中小学图书馆（室）规程》第五章应用与服务总第二十七条中指出："图书馆……开设新生入馆教育、文献信息检索与利用、阅读指导课等，鼓励纳入教学计划。"在上海市教育委员会发布的《上海市普通中小学图书馆规程（2016 年修订）》中也明确要求："中小学图书馆要培养学生……检索、辨别、利用文献信息的能力和自主学习的能力，为其持续终身的学习和发展奠定基础。"

随着信息技术的迅猛发展，互联网成为最大的信息资源库，网络成为人们获取信息最主要的渠道。而检索是利用的前提，如何借助网络高效地获取信息，来支撑自己的学习、工作和生活，是当代青少年学生必须具备的信息素养。

特别是 2001 年教育部印发了《普通高中"研究性学习"实施指南（试行）》的通知，指出研究性学习是全体普通高中学生的必修课，而学生对研究课题进行相关信息资料的搜集，是研究性学习过程中不可或缺的一个环节。

现在绝大多数的中小学生，认为网络检索主要就是网站的一框式搜索，检索方式单一，检索的过程也比较随意，因而检索效果比较差；而且他们大多将搜到的东西拿来就用，不善辨别真伪优劣，也缺乏尊重知识产权的意识。

在课题研究和论文撰写的过程中，网站（如百度）难以满足学生对参考文献的专业、权威和稳定的特殊需求。因此，学校应为学生指引全文数据库这个宝贵的资源库，给他们提供一个开放的课堂，引导他们以小组合作分享的形式自主地去体验、探索和感受全文数据库更加完善的检索和查新查优功能，激发他们深入了解和持续使用的兴趣，以助于他们日后的学习和工作。

（二）教学目标

1. 知识与能力目标

（1）了解搜索工具的使用方法。

（2）通过自主探究学习，了解知网全文数据库检索的一些基本使用方法（如检索字段、查新、查优等），体会信息检索查准、查新、查优的要求。

（3）感受和了解百度和中国知网全文数据库之间的差异。

2．过程与方法目标

体验组内合作探究、组间分享互学的过程。

3．情感、态度与价值观目标

改变"一检索就用百度"的单一思维；体验在一个全新的网络资源库中自主探索的成就感，进而产生持续深入探究的兴趣；强化善用身边的资源和尊重知识产权的意识。

（三）教学难点与重点

通过自主探究学习，了解知网全文数据库检索的一些基本使用技巧，体会信息检索查准、查新、查优的要求，感受知网和百度的差异。

（四）教学过程

1．课前（了解学生检索现状）

布置任务，课题为"网络流行语对青少年的影响"，要求学生按小组上交一份检索报告。

2．课上

（1）引入课前检索报告的情况汇报（3分钟）。

（2）说明百度检索小技巧（学生或老师）（5分钟）。掌握百度检索工具的使用方法。（时间、格式限定）

（3）过渡：引入全文数据库（三大中文全文数据库：知网、维普、万方）（2分钟）。

（4）初探知网（25分钟）。

①小组合作，自主探究。

教师给出几个引导问题：怎么切换到摘要浏览模式？怎么找到最新的文献？怎么查到某一年的文献？怎么快速找到重点关注的某学科领域的文献？怎么分辨出最有价值的优秀文献？怎么找到跟课题主题最相关的文献？知网和百度相比（检索功能和内容）有什么不同？

鼓励探索其他新发现。

②交流与分享技巧和感受。

（5）总结／布置（5分钟）。

教师总结各小组的分享，引导学生体会查新、查优、查准的检索要求，鼓励学生探索其他功能；布置课后任务。

3．课后

（1）学生：

①再探知网，课题检索的延续。

②学习学案上的两条友情提示〔身边的资源（如公共图书馆）　参考文献著录〕。

（2）教师：

组织学生一起拟制"网络信息资源的检索微课集"（拟含百度小技巧、初探知网、身边的资源、参考文献著录等内容），可供全校其他同学参考学习。

（五）教学说明

1．根据教育部、文化部、原国家新闻出版广电总局发布的《关于加强新时期中小学图书馆建设与应用工作的意见》、教育部颁布的《中小学图书馆（室）规程》和上海市教育委员会发布的《上海市普通中小学图书馆规程（2016年修订）》，中小学图书馆要培养学生检索、辨别、利用文献信息的能力和自主学习的能力，提高学生信息素养。另外，研究性学习是全体普通高中学生的必修课。因此，本节课的设计就从研究性学习的实际需求出发，跟学生一起探究如何高效地检索网络资源，为课题研究服务。

2．教师与学生的日常交流以及课前实际调查结果显示，绝大多数的高中生，提起网络检索第一反应就是使用百度，而且限于一框式检索，方式单一。因此本课从介绍百度小技巧入手，知识简单却很实用，贴近生活实际，比较容易抓住学生注意力。如果课前调查中发现已经有学生了解和掌握了一些使用技巧，由学生介绍效果可能会更好。

3．本节课"初探知网"的主环节在教法上选用了"合作探究—体验分享"教学模式，考虑到一节课的教学时间若拿来讲授各种技巧是十分有限的，最好的教学效果应该是激发学生的自主学习意识，使其产生进一步探究的兴趣。而且现在的学生可以说是伴随着互联网长大的，他们完全有能力在一个虚拟的网络空间进行自主探索。小组式的探究可以培养学生的合作意识和协作精神；如能做到组间分享、互助互学、提示盲点，学习效果会更好。

4. 课堂教学需要开放，但也不能完全放手，任学生信马由缰。教师应该把控方向，有所引导。因此，本课设计了六个引导问题，让学生有目的有方向地探索，同时也可以体验到解决问题的成就感。除了六个问题以外，给学生留有探索的空间，能增加其乐趣，也能激发他们持续探究的兴趣。最后教师总结，把散乱的各种技巧慢慢聚拢提升到"查新、查优、查准"的核心检索要求上来，引发学生的思考。

5. 其实，"善用身边的资源"和"参考文献著录"也是非常有意义和有价值的内容。放在课内时间不允许，就以课后学案——友情提示的形式，告诉学生，强化他们善用身边资源和尊重知识产权的意识。

6. 评价方式：教师要关注学生是否积极参与小组合作探究活动，并注意在学生自主探究过程中及时给予适当的评价、鼓励和引导。

7. 一节课的受众毕竟只有二三十个人，怎么能让更多学生获益？可以组织学生制作一些小视频。当然，能够开发出一个系列的检索课程，面向全体学生开设，效果更好。

三、图书馆志愿者培养类

此处以"做有温度、可传承的图书馆——首都师范大学附属中学志愿团队建设"为例进行介绍。

（一）首师大附中图书馆管理员协会

1. 队伍建设

图书馆在创建"书香育人"价值体系中，以人才培养为导向，建设有温度、可传承的图书馆志愿者队伍——图书馆管理员协会。目前成员有247人，主席团成员包括主席1名、副主席3名。主席全面负责协会工作，副主席分管读者服务部、宣传部和《千帆》编辑部。

图书馆管理员协会创建于1995年，拥有完善的管理模式，成熟的管理体系、科学、人性化、规范的管理制度，紧密围绕书香校园建设，积极开展各项工作。协会成员涵盖全校六个年级，管理层成员分布在高二、初二两个年级。在队伍建设上，成员分布广，人员数量大。协会以优秀促优质、学习促学风，经过5名专职图书馆老师的悉心指导，志愿者队伍不断壮大，管理模式日渐科学成熟。跨年级团建和分部门合作培育了志愿者队伍的团队精神、成员活力、创新思维、实践能力，进一步推动了书香校园建设，引领了好学上进、见贤思齐的风尚。

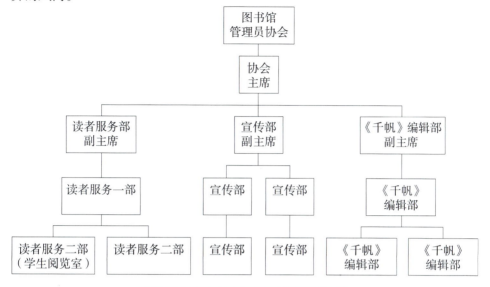

图 10-3-4　图书馆管理员协会组织结构图

2. 责任分工

读者服务部负责书香校园建设中的图书管理，包括图书加工、上架、流通、更替，开放书架杂志的更新、替换。通过专业培训和工作实践，能够使遍布校园各个角落的图书保持有序和整洁。宣传部负责学校读书节等书香校园各项活动的策划、组织和实施。通过开展策划小组会、新闻撰写、摄影、音视频剪辑培训等，并融入每一次活动进行落地实施，管理员们锻炼了的团队协作能力、环境布展审美能力、软件应用能力。更多的是激发了团队每一名同学的想象力，让书香校园活动浸润首师大附中师生的心灵，绽放异彩。《千帆》编辑部负责馆刊《千帆》的编辑与发行。自 2008 年 10 月创刊以来，《千帆》以月刊的形式与学生见面，已经历了 9 年的发展，共计发行 114 期。《千帆》内容包括校园纵横、含英咀华、传统文化、时事说客、青葱心语、原创小说、原创诗歌等板块，每期内容由学生主导策划，然后进行分组组稿、审校、排版，最后印刷发行，充分锻炼了学生的组织能力、管理能力、协作能力，并给广大师生提供了文学写作发表的平台，让优秀校园文化传承发展。

图书馆管理员志愿者队伍的建设，为图书馆各项活动及日常工作的开展提供了充分的保障，使书香育人价值体系保有温度，书香校园建设不断创新、有序传承。

我要感谢这一届所有干部在这一年的配合，他们在平时各司其职，在活动中又都能独当一面，这个集体的团结与强大才能促使整个协会一年的稳定发展。还要感谢初一、高一与初三、高三的（前）管理员，他们使我感受到协会充满着朝气与希望，也无比的厚实与温暖。

——图书馆管理员协会原主席　高三（5）班崔志昂

在《千帆》工作的这段时间里，我收获很多，也学到了很多。作为主编，我经常与人打交道，锻炼了组织协调能力。另外，《千帆》主编这个职务要求我有统筹策划能力。比如每期的《千帆》报纸策划，我需要根据当前的交稿量进行合理的规划，这是一项很锻炼人的任务。总之，我在《千帆》学到了很多，而这些也会让我受益终身。

——《千帆》编辑部原主编（现就读于北京师范大学）　徐炜

在这两年的工作中，我掌握了图书工作的基本能力，学会了一定的组织技能，与更多的人交往，更在人生的道路上铺了一块基石。

——图书馆管理员协会学生阅览室原部长（现就读于美国加州大学）　王心恺

首都师范大学附属中学图书馆管理员协会章程

协会简介

首师大附中图书馆管理员协会发展至今已有十多年的历史，目前协会成员已达到100余人。经过十多年的探索实践，协会在服务水平、组织管理等各方面均有很大提高，逐步形成了服务热情、办事高效的协会风格，为图书馆日常管理工作的顺利开展做出了突出贡献，多次受到全校师生的褒奖。同时，协会组织的各类活动书香飘逸，文化韵味十足，年年都会吸引众多师生参与，成为学校社团中一道不可缺少的风景线。越来越多的会员在这里奉献了自己的热情，收获了诸多友情，并在工作中锻炼了能力，培养了读书的乐趣，磨炼了自己的意志，从稚嫩走向成熟。

协会宗旨

我奉献，我快乐，我努力，我提高

协会目的

在协助图书馆维持正常开放秩序的同时，锻炼学生的组织能力，提高学生的团队精神和文化素养，从而使协会乃至整个图书馆形成良性发展。

图 10-3-5　图书馆管理员协会章程（部分）

（二）活动开展

为深度挖掘书香校园内涵，积极开展书香育人阅读推广工作，在图书馆老师的专业精心指导下，图书馆管理员协会以培育学生创新思维、做到学以致用为主导，从活动策划到组织实施，再到活动效果展示及总结，切合实际并富有创意地开展丰富多彩的活动。如创建了书香校园系列活动，并打造了"首师大附中读书节"品牌活动。

1. 入馆教育

每一个新学年伊始，图书馆管理员协会会派优秀管理员代表进入新生年级各班，开展图书馆入馆教育宣讲工作。学生为师，站在讲台之上，体会到老师的不易。在准备 PPT 和演讲稿的过程中，管理员代表要反复试练，进行假期集训，一遍遍修改、反复试讲，体会到传道授业责任之重，加深了对老师的感恩和尊重之情，培养了认真的学习态度。入馆教育工作是由学生管理员志愿者自发组织并承袭至今的一项重要教育工作，深受师生一致认可。

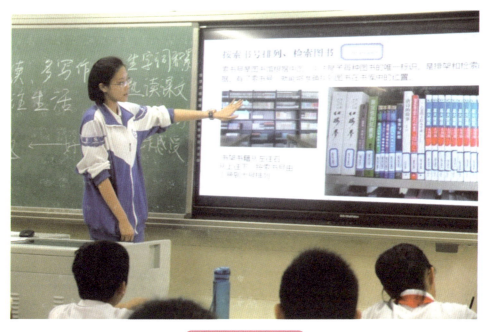

图 10-3-6　入馆教育

作为宣讲员，我深深感受到师生情、同学情，也体会到团结合作的力量。从期末后的讨论大会、PPT 制作、演讲彩排，到暑假期间的辛苦准备，再到开学前的视频录制、整体完善……每一点成果都凝聚了图书馆老师、学生流淌自心灵的汗水，验证了"台上一分钟，台下十年功"的古老真谛。

——现任《千帆》编辑部主编　高二（8）班万鸿书

2. 专业培训

图书馆会定期开设图书馆专业技术培训课程，包括图书分类、上架、检索、盘点，微信编辑、排版、图片处理、视频编辑、音频制作，采访、新闻稿撰写等。专业的技能培训有助于推动图书馆各项工作的开展，有利于培育学生们的专业技能、责任意识和管理能力。

在短短的中午时间里学习了一些审美与设计的知识与原理，我提高了审美的眼光与设计技巧。以后做一些小报、PPT或者其他的设计就会注意运用学到的知识，不会出现颜色乱搭、布局混乱的那种画面了。

——现任《千帆》编辑部编辑　初二（3）班蒋虹

图 10-3-7　浦怡老师对全体管理员进行图书馆专业技能培训

3. 传统文化体验

为弘扬中华优秀传统文化，引领学生创新发展，传统文化系列体验活动，包括汉服古礼、三月诗会、成语大会、文化创意集市等，成了读书节的特色文化活动。汉服古礼，同学们可以选择自己感兴趣的服饰，在寻找对应配饰的过程中了解汉服、学习古礼。三月诗会，师生可以现场对诗并创作诗词，交流诗词文化。成语大会，同学们通过竞赛的方式重温成语的魅力，在博大精深的成语世界里汲取营养。师生通过现场体验，拉近与传统文化的距离，更加深入和直接地感受到传统文化的魅力。文化创意集市，以弘扬中华优秀传统文化为导向，结合艺术创作，开展传统文化宣传和文创产品交流。

今天的图书馆活动确实让我们曲艺社的成员受益匪浅。展列的书籍让我们看到了中华曲艺的博大精深，这甚至远远超出了我们所认知的范围。想要继承并发扬我们的优秀传统文化，就先要了解它们。

——高二（5）班方浩冰

图 10-3-8　第八届读书节开幕式

4. 淘书会

淘书会是学校读书节上融入各班文化最盛大的集会。每班会提前做好摊位分布，并由学生管理员进行书目征集、上报、择优和报价。通过有序的管理和筛查，将大家手中的好书和闲置书籍进行交换或交易。各班会为自己的展位进行宣传或装饰，学生和老师都能在这一场校园书市中收获满满。如今，淘书会融入了共享的概念，特别是在当下共享经济模式飞速发展的阶段，书籍的共享阅读成为师生最爱的阅读方式。

淘书会办得挺好的，丰富多彩，形式也越来越多样。感觉现在淘书会的重点在书上，师生不仅可以拿钱买，还可以进行交换。咱们的目的不就是让大家多读书吗？介绍一些书籍的知识，不仅包括文学，还有一些自然科学之类的，挺好的。

——历史组袁峥老师

图 10-3-9 淘书会现场

5. 读书节

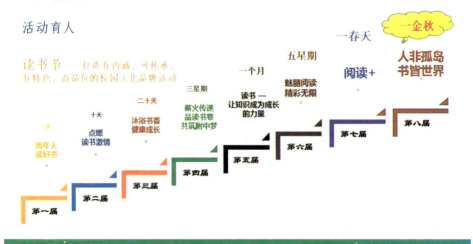

图 10-3-10 读书节活动品牌发展历程

中小学图书馆员·基本素养和基本技能系列丛书

自 2011 年起至今，学校已成功举办了八届读书节活动。活动从举办一次书展、一场读书沙龙活动开始，逐步扩展到开展一系列活动，从世界读书日的一次宣讲做成了一周、一个月，到现在历时一整个春天、一整个金秋的活动。从第一届主题"青年人读好书，共建书香校园"到第八届的主题"人非孤岛，书皆世界"，每一次活动都让学生感受到阅读的丰富性与多样性，带领学生把阅读融入学习和生活的方方面面。富有特色的读书节活动还包括传统文化、淘书会、名家讲座等。读书节不仅是图书馆主办的精品活动，更是学校的一张亮眼的文化名片。

图 10-3-11　微信主播平台线上活动

6. 微信主播平台

微信主播平台是在图书馆朱峰漪老师的带领下，学生进行自创、编写、排版、剪辑工作的线上语音推荐好书平台，仅需一部手机，就可以全部完成。平台将阅读推荐由静态阅读改成有声阅读，提升了学生阅读的内心感受，让书籍的内涵融入学生的纯净与温情，传递给更多的读者知识与能量。

　　参与微信主播平台的录制，可以分享自己喜欢的书，并带给别人快乐和思考。

——图书馆管理员协会宣传部微信主播　高一（10）班董正平

7. 名家讲座

名家进校园活动，邀请知名作家现场与师生共同交流，为师生提供了一个与名作家"零距离"接触的机会，有助于提高师生的阅读水平，培养他们的审美情趣，提高他们的文化修养，传递阅读的力量。在第七届读书节活动中，校图书馆邀请当代著名儿童文学作家、诗人谭旭东老师，以"快乐阅读，伴你成长"为主题，向与会师生讲述阅读的力量。在第八届读书节活动中，邀请金牌阅读推广人朋朋哥哥进行"博物馆里的中国记忆"主题讲座，倡导学生能在阅读中行走，在行走中阅读。

在最后，谭老师送给了我们三句话，这三句话句句冲击着我们的心灵，引发了我们深深的思考。读书，并不是打开书扫一眼，也不是为了故意装作有学问。它是为了让我们获得更多的知识，是为了让我们做最好的自己。

——初三（8）班夏雨露

图 10-3-12　金牌阅读推广人朋朋哥哥进行"博物馆里的中国记忆"主题讲座

8．文化创意产品

"文创"是近两年新兴的文化概念，在首师大附中就有学生们自己打造的精美文创产品。通过开展多种内涵丰富、品位高端的设计活动，利用学校先进的创客空间优势，学生自己动手，大胆构思，将脑海中的创意变成一个个现实产品。"方寸之间蕴书情"的精美书签、"拥抱阅读"书包、"校服书"系列钥匙扣、"梅森瓶"创意沾动签到瓶、阅读灯等，已成为深受师生喜爱的文创产品。学校通过开展文创设计活动，引导学生进行专题图书阅读，找寻创意灵感和科技支撑，不仅能使学生发散思维、努力创新，同时，还能让学生通过动手实践，实现自我追求、自我创新的价值意义。

中小学图书馆员·基本素养和基本技能系列丛书

纪念书签　　　　　　　　创新改质　　　　　　　　阅读灯

阅读灯设计者：图书馆管理员协会原副主席（现就读于北京航空航天大学）张京泽

图 10-3-13　文化创意产品

图 10-3-14　第八届读书节开幕式学生合影

第十一章
读者工作者的素质

导　语

多媒体时代的到来，使中小学图书馆朝着网络化、数字化的方向发展。馆员作为图书馆的重要组成部分，自身的素质对于图书馆读者工作具有重要的意义。

第一节 新时期对读者工作者提出新挑战

在信息技术高速发展的大背景下，我国中小学图书馆的发展向着自动化、数字化、网络化、信息化、智能化方向转变，这对图书馆开展读者工作提出了新的要求。现阶段我国部分中小学图书馆还存在从业人员综合素质不高、专业化知识水平较低的情况，读者工作者的职业素养与职业能力提升成为关键问题。因此，中小学图书馆要想进一步提升与优化读者工作，促使图书馆整体管理与服务水平得到有效的提高，注重读者工作者的职业素养与职业能力的提升尤为重要。

一、新时期中小学图书馆发展的特点

（一）图书馆资源载体的多样化

随着信息技术不断发展进步，新型的信息载体形式不断涌现。主管部门对中小学图书馆的大力建设，使得中小学图书馆的读者服务方式呈现出多样化的特点。例如，由传统藏书楼式的图书馆向数字化图书馆迈进，馆藏资源由单一的印刷型文献向多载体文献发展。

（二）图书馆管理手段的现代化

中小学图书馆的管理与服务方式已由原来传统的手工式管理转变为现代化的计算机管理。图书馆采用计算机自动化系统管理之后，使得原有的管理方式与手段发生了很大的变化。图书馆由原来手工操作的工作方式转变为以自动化集成管理系统为主的工作方式，包括图书的采访、编目、流通与读者管理，各类数据统计、文献的检索及互联网交互等等。

（三）图书馆服务方式的多样化

网络时代的中小学图书馆通过引进和应用各类先进技术，使服务方式、内容和范围都得到丰富和发展，并且增加了多媒体阅览、网络预约服务、网上信息资源的查询等多样化信息服务方式。

二、读者工作者在开展工作中存在的问题

（一）缺乏主动服务意识

部分读者工作者在主观意识方面仍然受根深蒂固的传统观念与旧有管理模式的影响，被动工作，将服务工作当成例行公事，缺乏事业心和责任心，使得馆藏资源不能被充分利用。在工作中不能很好地管理馆藏文献，不能与读者进行良好的沟通，没有真正地理解自身所应具备的职业道德的内涵。消极的工作态度和陈旧落后的思想观念，导致工作的兴致不高。

随着各种先进科学技术的不断涌现，读者对图书馆的需求逐渐增多，这在一定程度上促使很多中小学图书馆的设施设备得到改善。目前，很多图书馆正从传统的人工借阅方式逐渐向数字化网络在线服务与读者自主借还方式转变，部分中小学图书馆也开始向着信息化平台与智能化管理方式改变。然而在日常实际管理工作中，很多读者工作者没有意识到信息化与智能化的重要性，依然采用传统的服务方式，使得图书馆无法满足读者需求，进而导致自身的职业能力无法满足现代化服务要求。

（二）专业知识欠缺，综合素质较低

一些学校对图书馆工作不够重视，在工作人员的任用上随意性较强，会出现将一些无法胜任一线教育教学工作的教师转岗至图书馆的情况。这种情况可能会导致其不仅缺乏图书馆相关基础理论和专业知识，综合素质也相对薄弱。时代在进步，如果不能正确地认识到新形势的发展变化，不能及时地做出调整，将无法满足现代化图书馆读者工作的要求。还有一些人员的外语和计算机

水平不高，不能更深层次地对馆藏资源进行开发利用，无法在工作方式上进行创新。

（三）信息技术处理能力较弱

信息化与网络化的快速发展，为图书馆提供了新的管理方式。我国中小学纷纷开始利用信息化技术与网络化技术进行图书馆的现代化改革。目前，我国很多中小学图书馆依靠多媒体系统与计算机网络系统进行管理。这些技术作为图书馆管理与检索文献资源的主要方式，在实际操作时，对工作人员具有较高的要求。只有具备较高的计算机操作能力与文献检索能力，才能准确有效地为读者提供文献查询服务。但实际上很多读者工作者因未接受过系统化的信息技术培训，或缺乏专业的信息技术知识与能力，在进行信息资源管理、信息分析与服务咨询时，很难有效地为读者提供服务。

（四）人员结构不合理

由于多种原因，我国中小学图书馆人员结构呈现女多男少的现象，并且很多工作人员年龄偏大临近退休。学校图书馆读者工作是一项脑力与体力相结合的工作，但中小学图书馆专职工作岗位设置人数偏少，在开馆期间又会出现读者爆发式入馆的现象。如果发生因故缺勤的情况，图书馆可能无法保证正常的开馆工作。

（五）图书馆管理缺乏激励措施

目前，大多数中小学的管理制度仍不够完善，缺乏对读者工作者相应的激励措施，易使其缺乏工作热情，从而影响各项工作的开展。在思想观念和业务素质方面的问题得以解决的前提下，图书馆管理制度若不能够与时俱进、开拓创新，则无法激发工作人员的积极性并留住宝贵的人才，也就无法确保相关工作的顺利进行。

学校对于图书馆的管理还存在与信息技术脱节的现象，信息技术的应用对于管理工作效率的提高有着重要的作用，在这个方面也应当引起重视。

三、提升读者工作者素质的意义与作用

读者工作者担负着传播科学文化知识、开展读者教育和保存图书文化遗产等重要任务。需要不断加强自身素质建设，加强相关专业知识的学习和业务能力的培养，将读者的需求放在第一位。

（一）促使图书馆适应社会发展的需要

信息化时代科学技术飞速发展，科学文化知识快速更新，信息资源量巨大，各学科之间的相互融合逐渐加强，各行业的从业者面临着新的挑战。只有走在时代前沿，不断充实自我，学习与掌握先进的知识理论和技术，人们才能成为激烈社会竞争中的佼佼者。读者工作者作为其中的一分子，必须具有良好的图书馆专业知识和娴熟的专业技能，需要不断提高自身的素质以促进图书馆事业的发展。

（二）提升自身的道德修养与职业形象

读者工作者应加强自身的素质建设，认识到自己的工作对社会、对广大师生的重要性。因此，需要培养对社会的责任感、使命感和乐于奉献的精神，并树立优秀的职业形象，进而提高整个中小学图书馆行业的形象。

（三）促进中小学图书馆事业的发展

随着计算机技术、多媒体技术和网络技术的不断发展，中小学图书馆开始走向自动化、数字化、网络化、信息化、智能化的道路。为了使读者可以更快捷地获得学科最前沿的信息资源，与世界学术发展保持同步，读者工作者必须注重自身素质的建设与提升。图书馆以提高读者工作者素质为突破口，为中小学图书馆的建设注入新鲜血液，最终会促进中小学图书馆事业的不断发展。

第二节　读者工作者应具备的素质

一、端正的工作态度

中小学图书馆的基本职能是通过各种途径，向读者提供能够满足其阅读需求的文献信息资源。中小学图书馆读者工作的最高宗旨，就是为读者提供优质的文献信息服务。

图书馆的各个工作环节，无论是馆藏资源的采购、自动化系统的建设，还是馆内的排架与标识的设立等，最终的目的都是为读者提供方便、快速、准确的服务。读者工作者的服务态度会对各个环节的工作质量产生重大影响。因此，树立良好的服务态度是做好读者工作的基础。读者工作者应该树立"读者第一，服务至上"和"以人为本"的服务理念，强化服务意识，主动为读者服务；在工作中要积极为图书馆事业献计献策，并严格按照图书馆工作流程。这样才能成为一名优秀的读者工作者，赢得读者的尊重和信任，提高其在读者心中的形象，进而提升图书馆的形象。

二、良好的专业技能

职业性质要求读者工作者必须具备相应的知识与技能。未来中小学图书馆将是传统服务与现代化服务方式并存，这就要求读者工作者具备更多专业技能。

（一）基础业务技能

图书馆的各个业务环节都有其独特的性质，每个环节工作的质量都与服务质量息息相关。由于种种原因，中小学图书馆的工作人员一般较少，每人不可能只负责一项具体工作，一般情况下都需要身兼数职。这就需要他们熟悉图书馆的整体工作流程，以保障图书馆日常工作的顺利进行。

（1）读者服务工作的流通环节是图书馆对外服务的主要窗口之一，要求读者工作者要熟悉馆藏架位，能够把读者归还的图书及时准确地上架，在日常巡视中能及时整理乱架、错架图书；准确操作计算机进行借还服务，对读者提出的检索要求给予及时准确的回答。

（2）读者工作者要熟悉馆藏资源结构，熟练掌握图书的分类、编目技能，为读者检索资源提供保障。

（3）读者工作者应具备维护系统软硬件正常运行的技能，能够为读者讲解各种数字资源的使用方法，解答各种相关问题。

（二）开展读者教育的技能

中小学图书馆面向的读者是广大师生，其中数量最多的是学生。他们中的一些人初入图书馆，对图书馆的各类规章制度、图书馆相关知识、文献信息的查询检索技巧等都比较陌生。这就要求读者工作者不仅要掌握图书馆学、分类学、信息检索和信息咨询等知识，还要能通过生动活泼的形式开展各项读者教育工作，将自身掌握的知识传授给读者。这样既便于今后的日常管理工作，也提高了读者利用图书馆获取知识的能力。

（三）与读者沟通的技巧

读者工作者在日常工作中需要为读者提供文献信息服务和咨询服务，而沟通能力是衡量读者工作者水平和素质的重要标准。面对读者的咨询和提问，能够准确而生动地解释和回答，帮助读者更好地利用图书馆。同时，对于读者的不良行为、违规行为，应该秉承认真负责的态度，注意与读者沟通的技巧，以说服教育为主，避免采用简单粗暴的方式。

三、广博的知识

中小学图书馆的读者工作者需要具备广博的知识，包括图书馆学、信息检索、信息组织、目录学等专业知识，对学校课程内的各学科知识也应有所了解，以做好读者导读和图书推荐服务、信息咨询服务，在借阅服务工作中更准确地了解和满足读者的需求。

四、较强的学习能力

信息化社会知识更新的速度不断加快，就图书馆而言，为满足读者的阅读和服务需求，也要推出新的服务项目。读者工作者面对的是不断更新的信息，一次学习受益终身的教育模式已不能满足工作需要。具体到读者工作的各个环节，就是需要读者工作者及时更新自身的专业知识。随着教育改革的深入，中小学的课程形式变化越来越大，教学内容变得越来越新。在这种情况下，读者提出的问题往往带有很强的专业性与时效性。这就要求读者工作者必须树立终身学习的观念，不断地补充新知识，努力钻研与学校教育教学相关的知识，加强与同事之间、其他图书馆之间的交流，开阔视野，拓宽知识面。只有不断地学习新知识、新技能，才能对各类信息资源进行有效的综合分析研究，并做出准确的选择和评价，为读者提供个性化、精细化的信息服务。

五、良好的身体与心理素质

良好的身体素质和心理素质是做好读者工作的前提条件。中小学图书馆读者工作是一项脑力与体力相结合的工作，读者工作者具备良好的身体与心理素质，才能够担负起这些具体工作。在我国部分地区，中小学图书馆作为学校的一个行政部门，相对于教育教学一线说，受到重视的程度不够；从业人员中老、弱、病人员所占比例较大，负担工作的能力不足。这些都会对读者工作的质量产生影响。

六、开拓创新精神

读者工作者应具有一定的创新精神，才能更好地促进图书馆工作和事业的发展。传统的图书馆管理制度和管理模式已经不能很好地适应当前图书馆的发展，图书馆在内涵要求、发展目标和工作方式上发生了很大变化。读者工作者除了对日常开馆、图书借阅进行管理之外，还要具有开拓进取精神，注重创新，提升自身的创新素养；在工作中注重开拓创新，摒弃陈旧观念，并能够将新的理念应用到中小学图书馆读者工作中来，以便更好地满足图书馆发展的实际需要。

第三节 提升读者工作者素质的方法

一、提升读者工作者素质的方法

随着各个学科的发展，图书馆学理论也在不断发展，各种图书专业知识不断更新。电子出版物的增加使馆藏资源由最早的纸质文献发展到现在纸质文献和数字资源并存的状态，联机编目使图书馆专业知识有了极大的拓展。读者工作者应根据自身专业背景与现实工作岗位的要求，不断加强专业知识培训，努力学习、积极探索、更新知识，以满足读者日益增长的需求。

（一）注重自主学习能力的培养

注重提升自主学习能力，以此提升自身素养。自主学习是提升自身素质的最快捷的途径。在图书馆内进行自主学习有一个得天独厚的优势，即可以利用图书馆丰富的馆藏资源和相应的数字化设备，根据自身的实际情况，广泛涉猎知识，以弥补自身存在的缺陷，提升信息素养。自主学习主要有以下几种途径：

（1）利用互联网信息，对读者工作相关内容进行学习，更好地掌握读者工作的最新发展动态。

（2）学习专业数字资源、期刊文献等，来弥补自身知识结构的短板。这些内容往往代表着读者工作的前沿发展方向，通过学习能够拓展视野，为今后的实际工作指明方向。

（3）还可以学习本馆资源。本馆的馆藏资源会随着时代的发展不断更新，读者工作者可以借助图书馆的相应资源，来完善自身的知识结构。

（二）主管部门组织集中培训

为了集中、迅速地提升某一地区读者工作者的素质，图书馆主管部门可以采用集中培训的方式。主管部门前期进行摸底调查，通过分析研究，制定不同的培训计划，着重提升读者工作者的素质与工作能力，以便更好地满足读者的需求。要抓住图书馆读者工作的前沿发展方向，注重数字图书馆管理知识的普及，注重计算机应用技能的提高，以便其更好地做好图书馆的各项读者工作。为了提升培训的有效性，可以通过邀请相关专家传授读者工作的相关知识，以更好地提升读者工作者的专业素养和信息素养，推进图书馆读者工作的开展。

（三）注重网络和信息技术的培养

随着信息技术的发展，图书馆馆藏资源也由单一的纸质书刊转变为纸质与数字资源共存。2018年教育部颁布的《中小学图书馆（室）规程》第三章总第八条中指出："学校应根据发展目标，以师生需求为导向，统筹纸质资源、数字资源和其他载体资源，制定图书配备与其他馆藏文献信息建设发展规划。"当前，图书馆的服务手段和图书信息都趋向数字化，随着信息技术与图书馆发展的不断融合，新技术的应用对图书馆的发展提出了更高的要求。如果仅仅停留在传统的知识理论以及技能层面，不能主动地学习现代化的图书馆服务管理方法，将会被新时代的图书馆所淘汰。为此，读者工作者要注重培养现代技术运用能力，以满足读者对数字化信息的需求。此外，还要注重对新技术的使用，以便更好地发挥图书馆的作用。

（四）积极参与学术交流

读者工作者积极参加学术组织，通过学术研讨会、论文交流、参观访问等方式使各馆之间互相学习、取长补短，并借鉴他人的先进经验开阔视野、拓展思路，不断改进自己，提高学术水平和研究能力。

二、开展业务培训的方法

开展业务培训是促进读者工作者拓宽、补充和更新知识结构，提高创新能力和职业素质的重要举措。图书馆除了引进相关人才外，还要通过对读者工作者进行各类培训来加强队伍建设。业务培训的主要内容包括职业道德教育、图书馆专业基础理论教育、各专业知识（包括人文素质教育、现代化技术教育）和创新能力教育等。其方式、方法多种多样，主要有以下几类：

（一）在职学习

在职学习指的是不脱离工作岗位，边工作边学习。在职学习应结合本专业、本岗位的实际需要，补充、更新知识。相关领导应鼓励读者工作者在职学习。这种学习方式所需的时间较长，是系统学习和提高某一专业知识水平的重要途径。

（二）脱产学习

学校根据图书馆工作和读者工作者自身的实际情况，在经费和时间允许的条件下，可以有计划、有针对性地分期分批组织脱产学习，集中外出学习某一方面的新知识或参加业务培训。这不仅有利于培养高精尖的科研、业务带头人，同时还可以促进馆际的交流与合作。

（三）岗位轮换

图书馆可采用轮岗的方式对读者工作者进行岗位培训，轮岗可以使大家熟悉图书馆各个工作流程；也可请馆内业务能力强、理论水平高的同事授课，相互取长补短，共同提高。图书馆的各项工作是相互联系的，定期岗位轮换对大家是一种激励，也是一个实践的机会。通过岗位轮换，可以学习图书馆学专业知识，系统掌握图书馆工作流程，提高服务质量。另外，岗位轮换对于培养一专多能的读者工作者也是行之有效的办法。

对于中小学图书馆而言，岗位轮换有着非同寻常的意义。由于中小学图书馆工作人员数量少，保证每一个人都能基本掌握图书馆的全部工作流程是非常重要的。这样可以减少某人因无法工作而导致整个图书馆工作无法顺利进行的情况。

（四）参加学术研讨活动，撰写学术论文

图书馆学是一门实践性很强的学科，需要理论与实践相结合。图书馆应积极组织大家参加各种学术交流活动，交流工作经验，了解国内外图书馆事业发展的新动向、新观念和新成果。同时从本馆实际出发，定期布置科研课题，组织撰写学术论文。在馆内经常性地组织业务研讨和学术研讨活动，可以提高大家研究问题的能力，有利于图书馆事业的发展。

（五）专题讲座

专题讲座是指针对某一方向的问题，请专家集中授课。开展专题讲座首先要分主题制定课程计划，然后就各个主题请一人或多人主讲。专题讲座有利于主管部门发现和任用人才，对于图书馆工作者综合素质的提高大有益处。

（六）参观访问

有计划有目的地到一些各方面比较先进或某些方面具有特色的图书馆去做短期的参观和访问，可以开阔读者工作者的视野，汲取经验，进一步提高自身素质。

三、开展培训中应注意的问题

（一）目的性

培训的目的在于全面提高某一地区读者工作者的整体素质，优化其知识结构，提高其创新能力。因此，培训应根据中小学图书馆工作的实际情况，制定出近期和远期的培训计划，避免在培训工作中出现盲目性和随意性。培训工作要从实际情况出发，根据培训对象的不同专业背景，选择不同的培训内容和培训方式。

（二）针对性

培训工作要有针对性，讲求质量和效益。培训内容要注意理论知识和实际

工作相结合，与时俱进，增大专业技能培训的比例，以使读者工作者做到学以致用。

（三）计划性

培训工作应该从本地区实际情况出发，根据本地区的整体发展目标，结合各图书馆的实际情况，制定出具体的培训方案，以使培训工作有计划进行，真正发挥出其优化知识结构、提高整体素质、改进工作质量的作用。

■ 参考文献

[1]吴慰慈，董焱．图书馆学概论（第4版）[M]．北京：国家图书馆出版社，2019.

[2]高桂芳，刘广居．中小学图书馆读者工作[M]．北京：海洋出版社，1993.

[3]张枫霞．图书馆读者服务[M]．北京：海洋出版社，2009.

[4]李永钢，张海静，王力．图书馆管理与阅读服务创新[M]．北京：中国纺织出版社，2017.

[5]李清．图书馆员职业伦理建设研究[M]．北京：中国社会科学出版社，2017.

[6]孙海英等．读者心理学导论[M]．北京：知识产权出版社，2018.

[7]钟伟．浅议网络环境下中小学图书馆读者服务工作创新[J]．图书馆学研究，2004（4）：90-92.

[8]张丽美．信息背景下中小学图书馆读者服务创新[J]．南昌教育学院学报，2013（9）：129-130.

[9]王芳．浅谈新形势下的读者管理工作[J]．图书馆工作与研究，2016（10）：103-104+109.

[10]田红金．信息化时代图书馆管理中的人文性[J]．江苏教育学院学报（社会科学版），2002（3）：104-105.

[11]刘峰．从馆藏、读者和馆员之间的关系看阮氏第五定律[J]．晋图学刊，2018（1）：10-13.

[12]何江振．浅析阮冈纳赞图书馆学五定律与读者服务工作[J]．湖北广播电视大学学报，2011（8）：153-154.

[13]智晓静．论"图书馆学五定律"的发展历程[J]．山东图书馆学刊，2018（2）：10-15.

[14]张瑜．阮冈纳赞的图书馆五定律在现代图书馆工作中的现实意义[J]．河南科技，2013（8）：238.

[15]李建良．图书馆"要素说"的研究[J]．内蒙古科技与经济，2015（2）：155-156+158.

[16]赵彻，孙宁．当前读者研究的趋向[J]．图书馆学刊，1994（3）：13.

[17]薛霞．做好读者研究进一步提升读者服务质量[J]．传播力研究，2017（11）．

[18] 王文 . 要"以人为本"须先开展读者研究 [J]. 图书馆论坛, 2007 (3): 19-21.

[19] 倪德蓉 . 论图书馆工作的读者研究 [J]. 四川教育学院学报, 2001 (5): 54-55.

[20] 吕文 . 论高校图书馆读者统计的作用 [J]. 大学图书馆通讯, 1983 (4): 26-28.

[21] 钟娜, 卜世波 . 新时期高校图书馆读者统计方法与途径 [J]. 科技情报开发与经济, 2009 (6): 1-3.

[22] 淳于步, 罗云丹 . 当前高校图书馆的读者类型、需求特点及其作用研究 [J]. 黔东南民族师范高等专科学校学报, 2003 (5): 120-121.

[23] 马迎春 . 高校图书馆读者类型及服务 [J], 商业经济, 2008 (7): 91-92.

[24] 腾和泰 . 图书馆读者的阅读类型分析 [J], 林区教学, 2013 (5): 123.

[25] 周世江 . 基于读者类型划分的图书馆员价值追求探讨 [J], 图书馆建设, 2011 (2): 60-62+67.

[26] 温幽燕 . 浅谈公共图书馆读者类型及其特点 [J], 科技情报开发与经济, 2005 (16): 48-49.

[27] 吴洁 . 细分读者类型 提供针对性服务——新时期图书馆读者工作创新浅论 [J], 江西图书馆学刊, 2010 (3): 66-68.

[28] 刘敖莉, 张莹 . 高校图书馆对学生阅读心理的培养 [J]. 图书馆学刊, 2013 (7): 11-13.

[29] 刘孝文, 郭红英, 岳爱华 . 青少年家庭阅读环境、阅读动机和阅读素养的相关性研究 [J]. 河北科技图苑, 2018 (2): 57-60+74.

[30] 邓红巧 . 关于读者阅读心理研究及阅读指导的探讨 [J]. 河南图书馆学刊, 2007 (5): 48-50.

[31] 魏玮 . 二八定律和长尾理论对图书馆文献资源建设的指导意义 [J]. 科技情报开发与经济, 2011 (4): 15-18.

[32] 茆意宏 . 移动互联网与图书馆服务创新 [J]. 图书馆理论与实践, 2009 (1): 13-17.

[33] 康立军 . 图书馆读者服务工作网络时代的发展趋势和对策 [J]. 信息记录材料, 2018 (3): 187-188.

[34]刘莉.高校图书馆读者服务工作刍议[J].黑龙江教育学院学报,2017(6):150-151.

[35]侯凤铃.中小学图书馆参考咨询服务探析[J].亚太教育,2015(36):201-202.

[36]谢薛芬.如何避免减少高校图书馆图书被窃书、损书现状的发生[J].湖北广播电视大学学报,2014(4):159-160.

[37]周彩云.浅谈网络环境下高校图书馆流通服务创新[J].农业图书情报学刊,2010(3):200-203.

[38]曹玉平.论图书馆流通服务中的读者隐私权保护[J].图书馆建设,2006(6):12-15.

[39]左海燕.信息时代背景下中学图书馆导读工作之探索[J].中学课程资源,2015(4):8-9.

[40]孙宁.高校图书馆导读工作[J].中国管理信息化,2017(14):155-156.

[41]周玉霞.图书馆读者导读服务探析[J].科学大众(科学教育),2017(10):120+143.

[42]唐旭利.新常态下高校图书馆读者导读工作[J].科技创新导报,2015(16):210-211.

[43]孙翠云.加强学校图书馆读者信息素质教育与培训教育工作的探讨[J].科技视界,2014(12):234-235.

[44]林钟典.探讨中小学图书馆读者教育的开展方式[J].群文天地,2011(14):125-126.

[45]罗慧仪.论中学图书馆学生志愿者的管理[J].中国现代教育装备,2014(12):26-28.

[46]王东,王兵.浅议高等学校图书馆的读者教育与培训工作[J].内蒙古科技与经济,2013(14):143-144.

[47]廖丽艳.高校图书馆新生入馆教育现状分析与对策[J].晋图学刊,2009(4):39-41+52.

[48]褚慧军.大学图书馆的读者教育[J].科技情报开发与经济,2006(21):104-105.

[49]林蓝.公共图书馆读者教育研究[J].艺术教育,2011(9):26-27.

[50]汤国梁．高校图书馆现代读者教育探究[J]．理论观察，2019（2）：173-176.

[51]马红亚．打开阅读天窗 感受知识魅力——对中小学图书馆开设阅读指导课的思考[J]．教育教学论坛，2010（25）：186-188.

[52]张淑琴．浅议网络时代高校图书馆员的素质教育[J]．中外企业家，2019（6）：119.

[53]杨中照．关于图书馆员自身素质养成的几点思考[J]．内蒙古科技与经济，2019（2）：141-142.

[54]周美玲．高职院校图书馆员素质培养及继续教育[J]．包钢科技，2018（1）：96-98.

[55]张忠凤等．图书馆阅读推广中馆员数字素养的认知与提升研究[J]．内蒙古科技与经济，2019（4）：141-142+144.

[56]张娟．中小学图书馆阅读指导现状和模式研究——以江苏省为例[D]．南京：南京农业大学，2012.

[57]王佩．高校图书馆用户心理研究[D]．郑州：郑州大学，2014.

[58]赖群．中学图书馆导读工作研究[D]．桂林：广西师范大学，2008.